数字出版基地集群产业融合研究

机理、模式及绩效测度

杨庆国 著

华夏出版社
HUAXIA PUBLISHING HOUSE

图书在版编目（CIP）数据

数字出版基地集群产业融合研究：机理、模式及绩效测度 / 杨庆国著 . -- 北京：华夏出版社有限公司，2022.1
ISBN 978-7-5222-0195-5

Ⅰ.①数… Ⅱ.①杨… Ⅲ.①电子出版物—产业发展—研究—中国 Ⅳ.① G237.6

中国版本图书馆 CIP 数据核字（2021）第 212802 号

数字出版基地集群产业融合研究：机理、模式及绩效测度

作　　者	杨庆国
责任编辑	赵　楠
美术设计	殷丽云

出版发行	华夏出版社有限公司
经　　销	新华书店
印　　装	北京九州迅驰传媒文化有限公司
版　　次	2022 年 1 月北京第 1 版　2022 年 1 月北京第 1 次印刷
开　　本	880×1230　1/32
印　　张	8.375
字　　数	181 千字
定　　价	68.00 元

华夏出版社有限公司　地址：北京市东直门外香河园北里 4 号　邮编：100028
网址：www.hxph.com.cn　电话：（010）64663331（转）
若发现本版图书有印装质量问题，请与我社营销中心联系调换。

本书系下列基金项目研究成果：

1. 2018年度安徽省高校优秀拔尖人才培育资助项目：学科（专业）拔尖人才学术资助（gxbjZD38）。
2. 2013教育部人文社会科学研究青年基金项目"技术驱动与嵌入集群内数字出版产业融合机理、模式及其效应研究（13YJC860037）"

序　言

产业集群化发展是我国文化体制改革中发展文化产业的一个重要战略，也是新闻出版业实现规模化、集约化、专业化发展的主要途径之一。党的十六大以来，党和政府始终坚持把建设新闻出版产业带、特色的产业集群和产业基地，作为推动新闻出版业快速发展、做大做强的重要手段和有效方法。

经过近20年的发展与建设，我国已经建成30余家国家新闻出版（版权）产业基地（园区），形成了较大规模，也极大地拉动了新闻出版业的快速增长，产业集聚效应显著。按照2016年官方公开的数据，基地（园区）的年营收及其拥有资产总额均突破了3000亿元，2019年11家国家数字出版基地营收达到1900.1亿元；其中有14家国家数字出版基地成绩尤其突出，有将近半数的基地年营收突破了百亿元大关，近几年甚至出现了年营收突破500亿的大型数字出版基地集群。

我比较赞成庆国同学论著中的一个判断，数字出版业是新闻出版产业发展的关键，而数字出版基地集群又是数字出版产业发展的关键。统计数据显示，2009年我国数字出版营收仅799.4亿元，占整个新闻出版业营收的7.73%，但是到2019年，数字出版营收就达到了9881.43亿元，占整个新闻出版业营收的34.34%。10年时间，数字营收整整增长了12倍之多。显然，数字出版业已经发展成为整个新闻出版业最快、最大的增长极。在 30 家国家新闻出版产业基地（园区）中，将近半数是国家数字出版基地，其 2016 年营收占到所有基地（园区）总营收的 70% 以上；此外，2011—2016 年，国家数字出版基地的营收占到了全国数字出版总营收均值的 32.35%。因此，国家数字出版基地必然成为 30 余家国家新闻出版产业基地（园区）以及全国数字出版产业发展的龙头。

在互联网经济兴起及媒介大融合背景下，该专著抓住了发展国家数字出版基地集群的一个关键点，那就是推进基地产业融合，并且厘清了技术融合、媒介融合与产业融合之间的逻辑关系，对相关研究乃至业界操作都具有较高的理论铺垫与结构设计借鉴价值。

应当看到，自 2008 年我国第一个国家数字出版基地—上海张江基地建立至今，国家数字出版基地发展才 13 年时间，将近半数的国家数字出版基地新建甚至还不到 10 年时间。建设周期短，"上马"速度快，一些地区资源禀赋弱，加之国内外互联网平台企业的产业挤压等，使得国家数字出版基地普遍面临着巨大的生存与发展挑战。我认为，这是新兴出版产业发展必经的阶段，但是要主动求变，积极开拓新时期国家数字出版基地的破局之路。本论著提出要借助并倚重基地集群产业融合，创造新优势，我认为是可行的。

首先，做好基地集群技术的创新融合。技术创新及技术融合是数字出版产业融合的第一动力与关键所在。国家数字出版基地需借助自身集群的平台优势与国家政策红利，推动"数字出版技术+"与 AR/VR、大数据、区块链、人工智能、5G 等新技术融合,在新内容、新场景、新应用、新业态、新产品等方面不断推陈出新;通过协同共创、合作共赢等手段与方式,充分发挥基地集群技术孵化器功能。一方面带动传统出版业的技术转型与升级;另一方面,要开创出能引领整个行业的新技术,进而发展集群新业态、新服务。

其次,做强基地集群产业链融合。对于当前集群化建设初、中期的国家数字出版基地,其内部的产业链完善是至关重要的。而基于产业链上的基地集群产业融合才是当下最有价值的和关键性的融合。产业链是任何产业集群形成与发展的核心要素,要有效借助联盟制、分包制等来实现国家数字出版基地集群入驻企业在产业链中的分工与合作,进而推动其实现产业融合。各家基地应结合各地不同资源,因地制宜,打造有特色的数字出版产业链,做到不同基地差异化发展。要推动数字出版与移动互联网、新型教育、文旅业、智慧城市建设等行业的深度融合,不断延伸和拓展基地集群产业链。

第三,做大基地集群市场融合。早在 2011 年,我就指出超级公司在数字出版领域的激烈竞争加强了数字出版市场的不确定性。超级公司深度介入数字出版领域产业链上下游,其中包括国际与国内两大类超级平台、超级 IT 公司,尤其以谷歌、苹果、亚马逊国外三巨头,以及国内 BATT(百度系、阿里系、腾讯系、头条系)等为代表,不断加紧在数字出版领域布局,推出新产品与新服务,让数字出版市场竞争日趋激烈。在这种形势下,单个数字出版企业或集团完全无法与之抗衡,但是国家数字出版基地却可以借助自身的组织优势、规模优势和生态优势，关注和融合国际与国内两个市场，学习和引入此类超级企业在"终端""云端""客户端"等的企业拓展、产业布局与商业形成模式，拓展和壮大国家数字出版基地集群市场，不断提高基地集群产业集中度。

第四，做活基地集群组织融合。国家数字出版基地治理组织主体主要包括政府机构管理主体、行业协会市场服务主体与入驻企业运营主体等三方，其中14家基地中目前主要采用地方政府主导治理和以成立有限责任公司等形式的企业主导的公司制治理两种形式。组织融合一定是产业融合的高级形态，也是比较难实现的一种融合形式。国家数字出版基地要实现组织融合，关键在于充分发挥不同组织自身功能以及上述三类跨组织之间的协同合作。一是要发挥政府的政策调节、规制、规范与服务功能，发挥政府政策工具的杠杆与规制作用。中央和地方政府应继续发挥引导性政策在基地集群建设过程中土地、资源、资金、财税、贸易、奖励等支持功能，释放政府在基地集群管理上的政策红利。同时，也要用一些强制性政策对基地、入驻企业的不当经营行为加以规制、规范。二是要发挥行业协会在基地集群治理过程的中介服务与参与管理等功能。尤其要发展行业协会在基地入驻企业信息服务、中介共商、投融资担保、基地文化建设、基地行业规范或公约等方面的中介组织功能。三是要发挥入驻企业的自组织能力。基地要发挥入驻企业在产业链链接、一体化生产、内部化交易、交互集群学习等集群活动上的自主融合功能。最后，加大上述政府管理主体、行业协会市场服务主体与入驻企业产业运营主体，在基地集群化建设过程中的组织协同，加强三大集群治理主体之间多元化、多层级、多维度互动与合作，不断推进三大主体之间在集群产业融合发展过程中的组织融合，放大基地集群自合力效应。

庆国同学这本专著以产业融合研究视角，发现了新时期国家数字出版产业发展战略及其基地集群化建设的关键抓手，对一个高校年轻学者来说是难能可贵的。研究过程中，作者做到了多种理论、多种方法、多种视野的开拓与交叉，这本身也是一种融合思维，其中一些理论表述、操作梳理与政策建议是很有参考价值的，值得学界、业界和相关管理部门同仁继续深入思考、分析与研究。

希望庆国同学继继努力，不断学习钻研、创新研究，和其他研究者一道，紧密结合国家面向文化传媒行业相关"十四五规划"发展战略，围绕"到2035年建成文化强国"这一伟大目标，立足新阶段，建设出版强国，贯彻新理念，构建新格局，再上新征程，为推动新闻出版业高质量发展贡献智慧力量。

（柳斌杰教授，系清华大学新闻与传播学院院长、十二届全国人大教科文卫委员会主任、原国家新闻出版总署署长。）

目录

第一章　绪论 ··· 1

1.1　研究背景、重点与难点 ··· 1
　　1.1.1　研究背景：产业融合是基地集群发展的关键 ······· 1
　　1.1.2　研究重点难点 ·· 6
1.2　课题研究目标及价值 ··· 8
　　1.2.1　研究目标 ·· 8
　　1.2.2　研究价值 ·· 8
1.3　研究内容与方法、技术路线 ······································ 9
　　1.3.1　课题研究内容 ·· 9
　　1.3.2　研究思路、方法与技术路线 ·························· 14
1.4　研究的前沿性和创新性 ·· 18
　　1.4.1　学科理论：框架奠定、关系厘清与多理论交叉 ··· 18
　　1.4.2　产业实践：技术路线、发展路径与模式参考 ······ 18
　　1.4.3　政府政策演化：制度变迁、政策评估与政策建议 ··· 19

第二章　理论基础：国内外研究梳理与文献综述 ············ 20

2.1　研究逻辑起点与路径归结：技术融合→媒介融合→产业
　　　融合 ··· 20

  2.1.1　技术融合：融合的驱动与动因 …………………… 20
  2.1.2　媒介融合：融合的中介与载体 …………………… 22
  2.1.3　产业融合：融合的目标与保障 …………………… 23
2.2　理论关联剖析与互动机理：产业融合与产业集群 ………… 24
  2.2.1　关联剖析：产业集群是产业融合的基础与载体 … 24
  2.2.2　互动机理：产业融合与产业集群的逻辑互生与共赢
     ………………………………………………………… 26
2.3　基地集群产业融合研究现状：基于知网文献的可视化分析
  ……………………………………………………………… 27
  2.3.1　数字出版产业集群相关研究现状 ………………… 28
  2.3.2　数字出版产业融合相关研究现状 ………………… 29
  2.3.3　数字出版基地产业融合相关研究现状 …………… 34
2.4　现实契需与三阶跨越式发展：点→线→面（群）……… 38
2.5　本章小结 ……………………………………………………… 41

第三章　现状分析：数字出版基地集群产业融合演进 …… 43

3.1　国家政策演化牵引：离散转向集中 ………………………… 43
  3.1.1　准备期（1978—2002）：意识突破与产业概念提出… 44
  3.1.2　试点期（2003—2005）：集团化建设与集约化经营… 48
  3.1.3　推广期（2006—2010）：产业升级与结构同质化解决
     ………………………………………………………… 53
  3.1.4　发展期（2011—至今）：融合推进与集群治理优化
     ………………………………………………………… 58

3.1.5　演化归结与地方政策实践承接 ·············· 67
3.2　布局结构优化：聚合转向融合 ······················· 81
　　3.2.1　外部空间结构：资源禀赋与要素辐射 ·········· 81
　　3.2.2　内部产业结构：产品闭环与融合延伸 ·········· 84
3.3　规模效益呈现：弱小转向强大 ······················· 88
　　3.3.1　数字出版成为全国新闻出版产业的发展关键 ····· 88
　　3.3.2　基地集群成为数字出版产业的发展关键 ········· 90
3.4　本章小结 ·· 93

第四章　机理形成：集群内数字出版产业融合动力结构、路径及运行机制 ························· 95

4.1　基地集群数字出版产业融合动力结构 ··············· 95
　　4.1.1　高新技术驱动力 ································· 96
　　4.1.2　企业内生拓展力 ································· 97
　　4.1.3　市场外部拉动力 ································· 98
　　4.1.4　政府治理牵引力 ································· 99
4.2　基地集群数字出版产业融合路径演化 ··············· 100
　　4.2.1　技术扩散融合：基础性创新循环融合 ·········· 100
　　4.2.2　入驻企业运营融合：结构性成长融合 ·········· 102
　　4.2.3　基地集群组织融合：系统性一体化融合 ········ 103
4.3　技术驱动与嵌入集群内数字出版产业融合运行机制 ··· 105
　　4.3.1　嵌入性技术驱动机制：创新扩散与层递融合 ··· 105

4.3.2　内生性延伸机制：产业链延伸融合 …………… 108
　　　4.3.3　外生性组合机制：产业间价值链关联融合 …… 112
　　　4.3.4　网格化集群空间协同机制：多节点内外关系融合
　　　　　　………………………………………………… 116
　　　4.4.5　一体化集群组织治理机制：竞合机制与利益平衡重构 ……………………………………………… 122
　4.4　本章小结 ………………………………………………… 125

第五章　模式归结：基地集群数字出版产业融合方式 … 128
　5.1　技术主导融合：迭代与思维 …………………………… 128
　　　5.1.1　技术驱动融合：创新迭代加速 ………………… 128
　　　5.1.2　技术主导融合：融合思维形成 ………………… 130
　5.2　产品嫁接融合：垂直与极致 …………………………… 132
　　　5.2.1　产品开发融合：数字化重度垂直 ……………… 132
　　　5.2.2　产品嫁接融合：生产与服务极致化 …………… 133
　5.3　产业交互融合：合作与合并 …………………………… 134
　　　5.3.1　产业内延伸融合：利益导向 …………………… 134
　　　5.3.2　产业间跨界融合：需求导向 …………………… 136
　　　5.3.3　产业体共生融合：价值导向 …………………… 137
　　　5.3.4　产业面合并融合：资本导向 …………………… 143
　5.4　组织协同融合：柔性与混合 …………………………… 144
　　　5.4.1　集群自组织融合：组织柔性增加 ……………… 144
　　　5.4.2　产业组织融合：混合一体化组织形成 ………… 145

5.5 外部环境牵引融合：诱致与强制 ………………………… 146
   5.5.1 政策环境助推 …………………………………… 147
   5.5.2 市场环境拉动 …………………………………… 150
5.6 "走出去"跨域产业融合：战略与渠道 ………………… 151
   5.6.1 "走出去"战略与跨域产业融合建设框架 ………… 151
   5.6.2 基地集群数字产业跨域融合渠道拓展 …………… 155
5.7 本章小结 ……………………………………………… 160

第六章 实证验证：基地集群数字出版产业融合绩效 … 163

6.1 基地集群数字出版产业融合市场结构 ………………… 163
   6.1.1 市场集中度 ………………………………………… 163
   6.1.2 产品差异化 ………………………………………… 167
   6.1.3 市场进入壁垒 ……………………………………… 172
6.2 基地集群数字出版产业融合市场行为 ………………… 173
   6.2.1 高新技术主导融合与市场驱动 …………………… 173
   6.2.2 入驻企业业务交叉与市场共生 …………………… 175
6.3 基地集群数字出版产业融合市场绩效 ………………… 176
   6.3.1 经济规模扩大：基地聚集效应明显 ……………… 176
   6.3.2 区域贡献上升：拉动效应显著 …………………… 178
6.4 本章小结 ……………………………………………… 180

第七章 比较借鉴：国内外文化传媒集群产业融合经验与启示
……………………………………………………………… 182

7.1 美国文化传媒集群产业融合经验 …………………… 182
  7.1.1 内生融合发展：集群化产业融合是一种商业模式
    ………………………………………………………… 183
  7.1.2 美国文化传媒集群产业融合外生支撑体系 …… 185
  7.1.3 典型案例分析：好莱坞影视集群产业链延伸融合
    ………………………………………………………… 186
7.2 国内典型案例分析：上海张江基地企业集团型集群产业融合 ………………………………………………………… 188
  7.2.1 公司制治理与基地集群内生产业融合 ………… 188
  7.2.2 地方政府政策激励与基地集群外生产业融合 … 189
  7.2.3 可持续发展与基地集群产业融合生态体系建设… 191
7.3 国内外相关集群产业融合的经验启示 ……………… 193
7.4 本章小结 ……………………………………………… 195

第八章　制度安排：基地集群产业融合政策治理评估与发展建议 …………………………………………………… 198

8.1 嵌入集群内数字出版产业融合一体化组织架构 …… 198
  8.1.1 基地集群跨组织融合运行机制 ………………… 199
  8.1.2 基地集群数字出版业自组织一体化 …………… 204
8.2 嵌入集群内数字出版产业融合管理机制 …………… 208
  8.2.1 多方共赢的基地集群产业融合竞争管理机制 … 210
  8.2.2 多边共治的基地集群产业融合协同管理机制 … 211
  8.2.3 多维互信的基地集群产业融合信任管理机制 … 213

8.3 基地集群数字出版产业融合政策评估 ………………… 213
　　8.3.1 数字出版相关政策类型 ……………………… 214
　　8.3.2 政策工具箱的引入与评估 …………………… 215
　　8.3.3 发现与讨论 …………………………………… 222
8.4 基地集群数字出版产业融合发展政策建议 …………… 224
8.5 本章小结 …………………………………………………… 226

第九章　研究总结及展望 ……………………………………… 229

9.1 研究总结 …………………………………………………… 230
9.2 研究不足及展望 …………………………………………… 235
　　9.2.1 研究不足 ……………………………………… 235
　　9.2.2 研究展望 ……………………………………… 236

参考文献 ……………………………………………………… 238
与本课题（专著）相关的前期学术论文发表 ……………… 247
后记 …………………………………………………………… 248

第一章 绪论

1.1 研究背景、重点与难点

1.1.1 研究背景：产业融合是基地集群发展的关键

一、政府规划：顶层设计与集群发展战略

2005年中共中央、国务院下发的《关于深化文化体制改革的若干意见》首次提到提高文化产业规模化、集约化、专业化发展，党的十八、十九大报告以及新闻出版总署的相关规划、意见等都多次强化了这一文化产业发展核心政策取向，比如党的十八大报告就曾提出，要推进文化强国建设，促进文化和科技融合，发展新型文化业态，提高文化产业规模化、集约化、专业化水平。2017年的《新闻出版广播影视"十三五"发展规划》(新广发〔2017〕150号)再次提出"要做优做大做强新闻出版广播影视产业，进一步提高规模化、集约化、专业化水平，优化产业布局，调整产业结构"。

数字出版是出版业与高新技术相结合产生的新兴出版业态，由于其存储海量、搜索方便、传输快捷、成本低廉等特点，已经成为新闻出版业的战略性新兴产业和出版业发展的主要方向（方卿，曾元祥，2011）[1]。

从政策历程来看，在前述 2005 年《关于深化文化体制改革的若干意见》首次提出"培育和建设一批出版、影视与动漫制作、电子音像等产业基地"基地集群发展的概念；2006 年 12 月，新闻出版总署发布的《新闻出版业"十一五"发展规划》首次明确提出了"数字出版"基地集群发展战略。这表明，从组织建设视角，包括出版在内的我国文化产业在规模化、集约化、专业化建设上是沿着集团化与集群化双规并行之路发展的。

原国家新出版总署柳斌杰（2012）也多次在署长办公会议上或接受媒体采访时表示，新闻出版业改革发展工作重点在于"三抓"，即抓集团、抓项目、抓基地（园区）建设；在此基础上，原国家新闻出版署出版产业发展司司长范卫平进一步提出新闻出版业转型发展关键是实现"向可持续发展转型、向创新驱动转型、向结构优化转型"三个转型，其中实现"向可持续发展转型"的关键在于"抓集团建设、抓跨界合作（跨媒体、跨地区、跨行业、跨所有制、跨国界）、抓项目带动、抓基地（园区）建设、抓消费拉动"等"五抓"（范卫平，2013）[2]。因此，集群化发展是政府对数字出版产业走向的战略规划与顶层设计。

二、产业布局：行业规律与产业经验引导

在 2008—2021 年短短的 13 年时间内，我国建成国家数字出版基地 14 家，数字出版产业已完成从早期单个数字出版企业发展，到数字出版产业链形成，再到集群化的数字出版产业基地建设，实现了从点到线到面（集群）的三级跨越[3]。

据官方最后公开的数据显示（注：2016年之后有关大部分基地的相关数据就没有官方公开），2016年14家国家数字出版基地共实现营业收入1705.92亿元，较2015年增长17.4%，占到数字出版总营收的30%[4]；同时，2016年我国数字出版实现营业收入5720.9亿元，较2015年增加1317.0亿元，增长29.9%，占全行业营业收入的24.25%。根据2011—2016年中国新闻出版研究院《新闻出版产业分析报告》中的数据统计，国家数字出版基地营业收入已经实现连续6年占到数字出版总营收的30%；其中，14家国家数字出版基地中营收超过100亿的共有6家，占比为42.9%，据上海张江集团最新数据公布，2018年上海张江国家数字出版基地的营收更是达到了560亿元。2016年发布《新闻出版业数字出版"十三五"时期发展规划》中的国民数字阅读率目标指标是达到70%。统计数据显示，2019年我国成年国民各种媒介的综合阅读率达到了81.1%，尤其是数字化阅读方式的接触率更是高达79.3%。最新统计数据显示，2019年我国成年国民各种媒介的综合阅读率达到了81.1%，尤其是数字化阅读方式的接触率更是高达79.3%。① 未来"十四五"时期，随着5G通信、人工智能、大数据等新技术的广泛应用，上述比例将会进一步提升。这对我国数字出版产

---

① 根据中国新闻出版研究院第17次全国国民阅读调查统计数据显示，2019年我国成年国民包括书报刊和数字出版物在内的各种媒介的综合阅读率为81.1%，较2018年的80.8%提升了0.3个百分点，数字化阅读方式（网络在线阅读、手机阅读、电子阅读器阅读、Pad阅读等）的接触率为79.3%，较2018年的76.2%上升了3.1个百分点。

业乃至国家数字出版产业基地集群发展是一个非常大的机遇。

上述数据表明，新闻出版产业发展的核心关键在于数字出版，数字出版产业发展的核心关键则在于数字出版基地集群建设及其所产生的规模化、集约化、专业化效应。而根据国内外集群产业发展的经验，产业融合是集群发展的关键，甚至有专家认为是集群发展的唯一选择（方卿，曾元祥，2011）[1]。我国政府层面也十分重视和注重引导基地集群的产业融合发展，2017年2月，在"首次全国新闻出版产业基地（园区）管理工作会"上，原国家新闻出版广电总局副局长孙寿山特别指出，要推进基地集群产业融合向纵深发展①。

根据上述行业发展规律与经验归结，我国国家数字出版产业发展的关键在于其产业融合发展。因此，深入研究基地集群数字出版产业融合现状、机理、模式、实践效果、国内外比较、制度设计等对集群建设与发展至关重要，也是数字出版基地集群、入驻企业、中介组织、政府管理等多主体的协同、融合和创新发展核心需要。

三、现实困境：问题导向与逻辑演进

随着2015年4月最后一家江西国家数字出版基地获批开

---

① 2017年2月，在"首次全国新闻出版产业基地（园区）管理工作会"上，原国家新闻出版广电总局副局长孙寿山指出，要深入推进新闻出版与相关产业融合，形成"新闻出版＋科技""新闻出版＋金融""新闻出版＋制造"等产业发展新模式、新业态。如江苏数字出版基地镇江园区通过联合南京银行，设立了"镇文贷"，支持园区内中小企业；通过整合社会资本，建立"镇文创"扶持园区内数字出版等新兴业态发展。

建，2008—2020年共历经12年时间，数字出版基地集群在国家区域空间布局完成。经过10余年建设与发展，虽然绝大部分基地都得到快速发展，取得了比较显著的成绩，但是部分国家数字出版基地，尤其后期铺设的几个基地还处在产业集群发展的初创期，面临着一些共性的困难和问题，如基地集群产业链企业集中度不高，集群内资源及要素配置不尽合理，地区封锁问题还在一定程度上没有得到有效解决，向新兴业态融合创新发展略显迟缓，企业融合能力也有待进一步提高，各个基地之间的集群差异化发展有待合理引导和规范，集群机会主义如"候鸟型企业"[①]治理效果不显著等。产业集群化不仅仅是产业外部的空间聚集，更需要的是政产学研的市场结合，上中下游企业间产业链的业务延伸与配合，以及创新型企业的技术配合、资源共享和功能融合。因此，基于集群产业融合带动基地（园区）产业乃至区域经济的高速发展，是当前急需解决的重大理论和实践课题。

以张江国家级数字出版基地为例，该基地集群依托上海浦东新区张江高科技园区强大的技术支撑、完善的政策配置和丰富的区位资源，使得其已连续多年成为基地营收成绩中的"领头羊"，但其集群内部企业协作提升、产业链的完善、集群组织治理（治理主体模糊）等仍面临着如何升级与优化问题。

---

① 由于许多园区同质化发展，产生了一批只关注园区优惠政策的"候鸟式"企业，哪里园区政策好就迁到哪里。资料来源：廖君，冯源，杨一苗等.文化产业园：火爆背后弊端丛生[N].经济参考报，2012-06-08（06）.

研究根据产业融合理论构建解决现实问题的逻辑演进，技术创新是驱动产业融合的根本动因，技术创新又驱动基地集群产业"内→外→空间（内外叠加网络）"结构性演进融合，进而推进基地集群融合治理，完善基地集群中间性协调组织融合，由此形成"高新技术驱动→创新循环与层递传导→'内→外→空间'结构演进融合→基地集群融合治理→中间性协同组织融合"，并通过机制再造和各主体间功能整合，从而推动基地集群数字出版产业融合运行、协同发展和集群转型升级与可持续发展。

1.1.2 研究重点难点

一、研究重点

（一）技术驱动与嵌入集群内数字出版产业融合机理对国家数字出版基地产业集群发展的理论价值。分析技术融合、业务融合、市场（资本）融合和组织融合等多层次的数字出版产业融合的结构演进路径；探索嵌入集群内数字出版产业融合系统内多元主体竞争与合作的动力机制；解构技术创新、产业集群、产业融合与基地及其入驻企业发展的内生关系，丰富目前较为薄弱的数字出版产业集群、产业融合及其关联研究，为国家数字出版基地产业集群升级、入驻企业创新与竞合、政府的制度供给与管理创新提供经验参照、决策依据。

（二）根据14家国家数字出版基地的产业数据及其建设现

状，借助 SCP 理论框架，实证分析数字出版产业集群产业集中度，以此推动国家数字出版基地产业集群创新升级。

（三）研究通过国外文化传媒产业集群中的产业融合比较研究，以及国内代表性基地集群的案例分析，形成经验启示，从而提出集群内数字出版产业融合发展战略设计与相关管理政策建议。

二、研究难点

（一）合理可供借鉴的基地集群产业融合发展机理系统，主要产业融合动力结构系统、路径演化与机制优化。产业融合是推动国家数字出版产业集群转型升级的重要力量，但在实际整合中会遇到集群内产业链生态不健全、数字出版企业之间利益平衡以及地区条块分割等严重制约。因此，本研究将力求在入驻企业、中介组织、地方政府等集群主体之间构建多边利益平衡机制、多元融合形态，提供建立协同共治的组织关系与内生秩序的机制路径与框架体系。

（二）推进基地集群产业融合发展的制度设计，主要包括规制、规范、文化—认同等强制性政策与诱致性激励政策。综合借鉴国际和国内典型基地群的发展经验，结合一定区域内发展状况前提下，如何有针对性地实现基于技术驱动下数字出版基地集群产业融合发展战略设计与管理创新是本研究的另一个难点，也是本课题拟借助调查研究、案例征询和专家深度访谈等方式实现的一个重点突破方向。

1.2 课题研究目标及价值

1.2.1 研究目标

项目以国家数字出版基地为研究对象，从产业集群理论、产业融合理论、产业组织理论（SCP）、制度经济学理论等多学科视角，研究数字出版基地集群发展现状，解析技术驱动下嵌入集群内数字出版产业多主体融合机理，探索其产业融合模式，借助相关数据量化及案例分析形成实证研究，揭示技术驱动下数字出版基地集群融合绩效，以此推动国家数字出版基地产业集群创新升级；并通过国外、国内文化传媒集群的产业融合比较分析，形成经验借鉴，从而提出集群内数字出版产业融合发展战略设计与政策建议。课题将进一步丰富目前较为薄弱的数字出版产业集群及其产业融合研究，为国家数字出版基地产业集群升级、入驻企业良性竞合生态打造与产业融合机制形成、政府的制度供给与管理创新等提供经验参照、决策依据。

1.2.2 研究价值

本研究以国家数字出版基地产业集群为对象，着眼于学术研究、产业应用和管理创新的三维价值挖掘，具体如下：

一是，在理论学术价值方面，课题将实现产业集群理论、产业融合理论、产业组织理论（SCP）、产业链理论、制度经济学理论等与数字出版产业发展的理论融合和交叉，丰富目前较为薄弱的出版产业集群、产业融合及其关联性研究，推动数字出版产业集群研究理论发展。

二是，在产业应用价值方面，课题将紧贴国家数字出版基地布局规划、紧随基地的发展态势及其入驻企业的运营状况，科学引导空间布局完毕后的基地产业集群差异化建设、入驻企业的创新与竞合，客观理性地分析基地和入驻企业发展存在的问题，为国家数字出版产业基地集群转型升级及其面向技术、产品、市场和组织等产业融合创新提供操作方法借鉴，以此体现本研究的现实意义和行业指导价值。

三是，在政府的管理创新方面，研究深入分析了基地集群的三大功能主体，政府（管理主体）、以行业协会为代表的中间性组织（服务主体）、入驻企业（运营主体）之间的结构关系与功能发挥，并主要为政府的制度供给与管理创新提供可行的、有价值的决策依据、路径借鉴和经验参照。

1.3 研究内容与方法、技术路线

1.3.1 课题研究内容

一、研究基础：国内外研究路径梳理与文献综述

1. 探索"技术融合→媒介融合→产业融合"研究逻辑起点与路径归结。

2. 梳理"产业融合⇋产业集群"的理论关联与互动机理研究。

3. 分析基地集群实践建设过程中"点→线→面（群）"三阶跨越与现实制度契需。

二、现状分析：数字出版基地集群产业融合演进

（一）国家政策演化牵引：离散转向集中

1. 准备期（1978—2002）：意识突破与产业概念提出。
2. 试点期（2003—2005）：集团化建设与集约化经营。
3. 推广期（2006—2010）：产业升级与结构同质化解决。
4. 发展期（2011—至今）：融合推进与集群治理优化。

（二）布局结构优化：聚合转向融合

1. 外部空间结构：资源禀赋与要素辐射。
2. 内部产业结构：产品闭环与融合延伸。

（三）规模效益呈现：弱小转向强大

1. 数字出版成为全国新闻出版产业的发展关键。
2. 基地集群成为数字出版产业的发展关键。

三、机理形成：集群内数字出版产业融合动力结构、路径及运行机制

（一）动力结构分析

研究嵌入集群内数字出版产业融合系统内多元主体竞争与合作的动力机理；分析技术驱动视阈下其政产学研的基地集群产业融合进程中的关系、互动与协同；在国家数字出版基地的现有空间布局基础上，分析入驻企业、中介组织、政府等多个集群主体构成的结构形式，推动高新技术驱动力、企业业务拓展力、市场拉动力、政策牵引力等动力结构建设。

（二）演进路径研究

课题主要分析了产业融合的技术融合、业务融合和市场（包含资本）融合、组织融合四个层次的结构演进，并以此为嵌入集群内数字出版产业融合模式的演化提供路径依附。

（三）内生运行机制优化

课题重点研究分析技术创新扩散循环与嵌入集群内数字出版产业融合运行机制，主要包括：

1. 嵌入性技术驱动机制：创新扩散与层递融合。

2. 内生性延伸机制：产业链延伸融合。

3. 外生性组合机制：产业间关联融合。

4. 网格化集群空间协同机制：多节点内外关系融合。

5. 一体化集群组织治理机制：竞争机制再造与利益平衡。

四、模式归结：基地集群数字出版产业融合方式

（一）技术主导融合：迭代与思维

主要包括：

1. 技术驱动融合：创新迭代加速。

2. 技术主导融合：融合思维形成。

（二）产品嫁接融合：垂直与极致

主要包括：

1. 产品开发融合：数字化重度垂直。

2. 产品嫁接融合：生产与服务极致化。

（三）产业交互融合：合作与合并

主要包括：

1. 产业内延伸融合：利益导向。

2. 产业间跨界融合：需求导向。

3. 产业体共生融合：价值导向。

4. 产业面合并融合：资本导向。

（四）组织协同融合：柔性与混合

主要包括：

1. 集群自组织融合：组织柔性增加。

2. 产业组织融合：混合一体化组织形成。

（五）外部环境牵引融合：诱致与强制

主要包括：

1. 政策环境助推。

2. 市场环境拉动。

（六）"走出去"跨域产业融合：战略与渠道

主要包括：

1. "走出去"战略与跨域产业融合建设框架。

2. 基地集群数字产业跨域融合渠道拓展分析。

五、实证验证：基地集群数字出版产业融合绩效

借助产业经济学SCP（结构—行为—绩效）理论及其分析框架，基于14家国家数字出版基地的产业数据及其建设现状，实证分析其产业融合效应：

（一）基地集群数字出版产业融合市场结构（S）

其主要分为：

1. 市场集中度：基于CR与HHI指数的测度。

2. 产品差异化。

3. 市场进入壁垒。

（二）基地集群数字出版产业融合市场行为（C）

主要分为：

1. 入驻企业业务交叉与市场共生。

2. 高新技术主导融合与市场驱动。

（三）基地集群数字出版产业融合市场绩效（P）

主要分为：

1. 经济规模扩大：基地聚集效应明显。

2. 区域贡献上升：拉动效应显著。

六、比较借鉴：国内外集群内数字出版产业融合经验与启示

（一）国际比较与借鉴

研究分析以美国为代表的国外传媒产业集群内产业融合发展、管理与典型（焦点）案例，形成国际经验参考。

（二）国内行业比较与借鉴

研究分析了上海张江国家数字出版基地集群内产业融合发展现状与模式，形成国内行业经验借鉴。

七、制度安排：基地集群产业融合政策治理评估与发展建议

课题将重点分析组织运行架构，并引入政策工具箱从国家和地市两个维度进行数字出版产业政策评估，进而提出数字出版基地集群产业融合发展的政策建议，具体设计如下：

（一）嵌入集群内数字出版产业融合一体化组织架构

主要包括：

1. 基地集群数字出版业跨地区组织一体化。

2. 集群数字出版业跨行业组织一体化。

（二）嵌入集群内数字出版产业融合管理机制

主要包括：

1. 多方共赢的基地集群产业融合竞争管理机制。

2. 多边共治的基地集群产业融合协同管理机制。

3. 多维互信的基地集群产业融合信任管理机制。

（三）基地集群数字出版产业融合政策评估

1. 数字出版相关政策类型。

2. 政策工具箱的引入与评估。

（四）基地集群数字出版产业融合发展政策建议

1.3.2 研究思路、方法与技术路线

一、本课题的研究思路和研究方法

（一）研究思路与框架模型

研究以国家数字出版基地为对象，细分出集群产业融合发展的三大作用主体，主要包括产业集群服务主体（行业协会）、产业主体（入驻企业）及管理主体（政府），其中集群自组织由于其自身形成过程的复杂与多样性，有时甚至和产业主体等其他三个主体混在一起，借助委托代理行使职权，因此有的学者并未将其单列成一个主体。本研究借以探析四大主体在技术驱动、融合机理、模式形成、绩效反馈、比较借鉴和制度安排等方面的机制过程，从而形成产业集群的协同创新、入驻企业的运行创新、行业协会的中介服务创新和政府制度牵引的管理创新，课题研究整体思路模型如下图所示：

主体 (Subjects)
- ●服务主体 行业协会
- ●集群运营主体 入驻企业
- ●管理主体 服务型政府

机制过程 (Processes)
技术驱动

产业融合机理
- ●动力结构
- ●路径演化
- ●运行机制

产业融合模式
- ●技术主导
- ●产品嫁接
- ●产业交互
- ●组织协同
- ●环境牵引
- ●跨域融合

产业融合绩效
- ●融合市场结构
- ●融合市场行为
- ●融合市场绩效

国内外比较借鉴
- ●美国经验
- ●张江基地案例
- ●启示借鉴

发展战略设计 政策建议

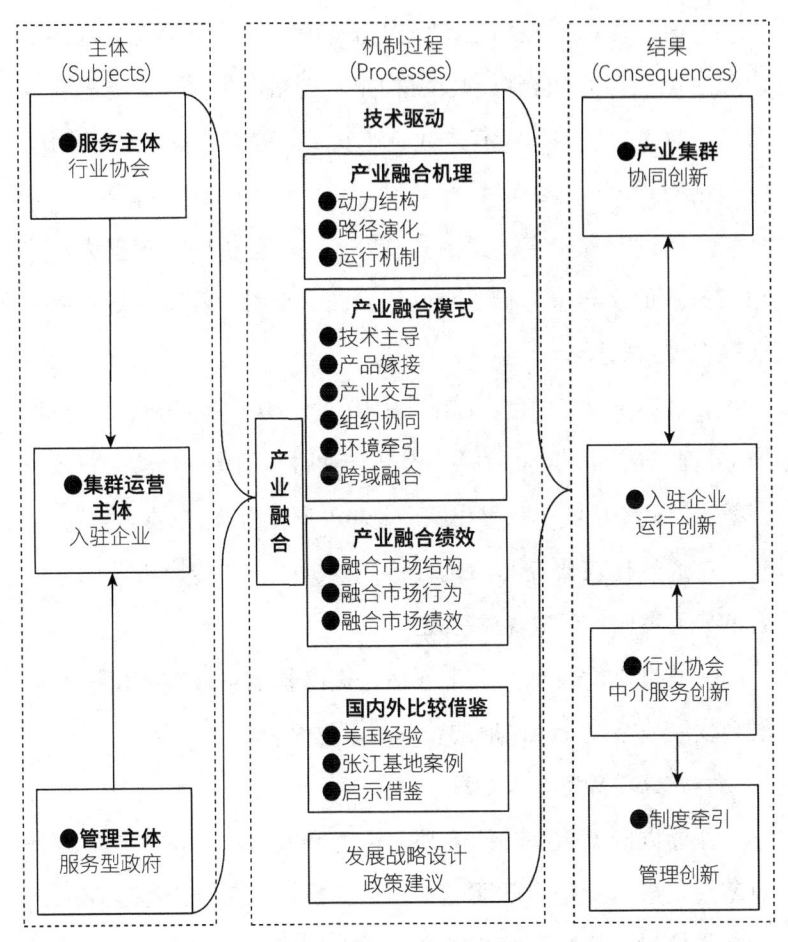

（产业融合）

结果 (Consequences)
- ●产业集群 协同创新
- ●入驻企业 运行创新
- ●行业协会 中介服务创新
- ●制度牵引 管理创新

图 1-1 课题研究的思路与框架模型

（二）研究方法

1. 运用理论分析、调查研究与统计分析方法，系统分析国家数字出版基地产业集群现状及发展趋势：借助数据统计，分析国家数字出版基地产业集群的空间分布及其规模绩效，以此研究国家数字出版产业集群的发展趋势。

2.通过理论梳理和系统建模仿真探析技术驱动与嵌入集群内数字出版产业融合机理，解构技术创新、集群、产业融合与政府、数字出版基地及其入驻企业发展的内生关系、外部作用、空间结构。

3.通过调查研究、案例分析等方法，分析嵌入集群内数字出版产业的主导、嫁接、交互、协同、牵引、跨域等形式的产业融合模式选择。

4.借助产业集中度（CRn，HHI）等方法实证分析技术驱动、产业集群与产业融合的关系，分析产业融合的集中结构、行为及绩效，以此论证我国数字出版产业集群产业融合的实际效果。

5.通过比较研究与案例分析，分析国内外传媒集群产业融合的典型案例，形成经验启发。

6.通过制度设计与政策评估，提出基地集群数字出版产业融合发展战略设计与政府的管理政策建议。

二、课题研究技术路线

课题以国家数字出版基地集群为研究对象，探索技术创新对基地集群产业融合的驱动作用，解析嵌入集群内数字出版产业多主体融合机理，分析其产业融合模式，在实证研究的基础上揭示产业融合绩效，并通过国内外的比较研究，形成经验借鉴，从而提出基地集群数字出版产业融合发展战略设计与政策建议，以此推动国家数字出版基地产业集群创新升级，入驻企业的协同与合作，以及政府借助政策牵引实现的管理创新。课题研究技术路线如下图所示：

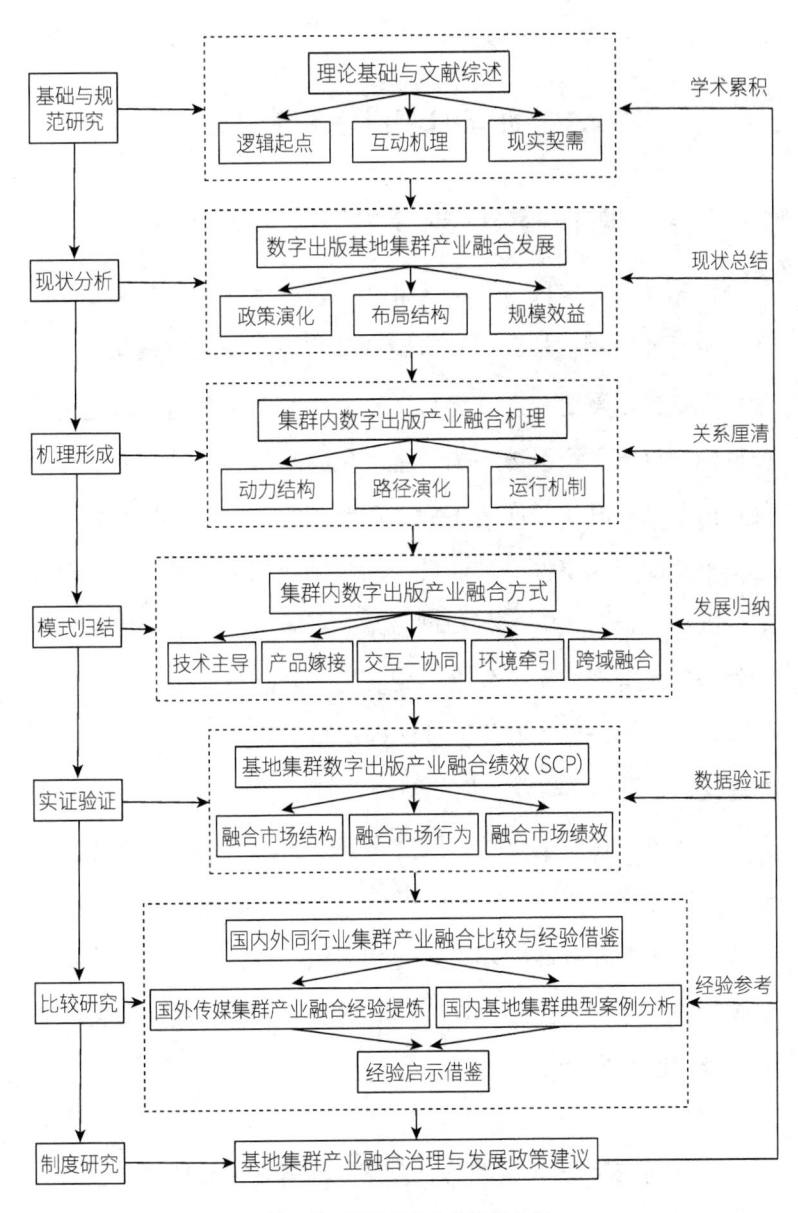

图 1-2 课题研究技术路线分析

1.4 研究的前沿性和创新性

1.4.1 学科理论：框架奠定、关系厘清与多理论交叉

首先，课题架构了"技术融合→媒介融合→产业融合"闭环理论研究观测框架，即技术融合是产业融合的逻辑起点，媒介融合是技术融合与产业融合的中介，产业融合是结果更是一种目标，点出了今天数字出版基地集群乃至媒介融合发展规律及必由路径；其次，厘清了"产业融合⇆产业集群"的紧密互生关系，即产业集群是产业融合的基础或基本要件，产业融合则会极大地提升集群运行与创新绩效；第三，归结了我国数字出版基地集群产业融合发展的现实需要及三阶跨越式发展，即实现"点→线→面（群）"，进而推动和引领整个新闻出版产业的规模化、集约化与专业化发展。

如前述，在此基础上，研究实现产业集群理论、产业融合理论、产业组织理论（SCP）、产业链理论、制度经济学理论等与数字出版产业发展的理论融合和实践结合，丰富目前薄弱的出版产业集群、产业融合及其关联性研究，推动数字出版产业集群研究理论的发展。

1.4.2 产业实践：技术路线、发展路径与模式参考

研究理清了政府（管理主体）、以行业协会为代表的中间性

组织[①]（服务主体）、入驻企业（运营主体）三大主体在产业融合发展层面上的功能关系，架构了"技术驱动→内部融合→外部融合→空间网络融合"立体化产业融合分析技术路线，剖析了数字出版基地集群产业融合机理，归纳了融合模式，实证了融合绩效，从而为数字出版基地集群产业融合发展积累了经验，提供了发展路径与模式的参考。

1.4.3 政府政策演化：制度变迁、政策评估与政策建议

从生命周期视角，研究分析我国数字出版基地集群及其产业融合发展的理念形成、制度变迁（诱致牵引与强制转型），在政策工具箱理论及应用基础上，评估分析国家及地方数字出版产业政策，进而提出了我国数字出版基地集群产业融合发展政策建议，以期为政府的管理创新提供必要的决策依据和理论借鉴。

[①] 本研究基地集群内中间性组织主要包括：（1）以行业协会为代表的集群中介组织；（2）以银行等金融机构，以及高校科研院所等智力组织为代表的公共服务组织。

第二章 理论基础：国内外研究梳理与文献综述

本章主要是对课题相关研究文献的梳理与综述，掌握课题的逻辑起点与路径归结，解析产业融合与产业集群理论关联剖析与互动机理，掌握基地集群产业融合研究现状，以及基地集群产业融合研究的现实契需及其"点→线→面（群）"三阶跨越式发展情况，以为后续章节研究奠定理论基础和知识框架。

2.1 研究逻辑起点与路径归结：技术融合→媒介融合→产业融合

2.1.1 技术融合：融合的驱动与动因

20世纪70年代，数字技术的创新与扩散使得产业融合备受关注。产业融合是一种技术融合或者同一经济体不同部门之间规制边界打破的过程（OEDC）[5]，是产业联盟及其并购、技术网络平台和市场等三维度的重合（green paper）[6]；因此，产业融合首先得依附于技术融合。Lei（2000）认为产业融合实现的先决条件是相关产业之间拥有共同的技术基础[7]。而日本学者植草益（2001）认为产业融合的原因是技术革新和产业规制的放宽[8]。产业间的关联性和对效益最大化的追求是产业融合发展的内在动力,而技术创新和技术融合则是当今产业融合化发展的催化剂(厉无畏,2002)[9];技术创新是产业融合的动力,是推动产业融合的根本原因(周振华,2002;陈柳钦,2007)[10] [11]。因此,国内外学者都基本认定技术驱动就是产业融合的根本动因。

由上,有学者在技术主导产业融合学术探讨的基础上总结出了产业融合研究的三大主流视角(蒋雪湘,2009)①:首先,技术视角;产业融合总是先发生技术融合,再发生产业融合[11]。(Lei,2001);其次,产品视角,它主要分为产品替代融合、产品互补融合[12](Greensteina,1997)和产品合并融合[13](Yoffie,1997);第三,产业视角,尤其是第一、第二和第三大产业之间的融合。可以看出,早期的产业融合研究还缺少一个研究视角就是媒介融合视角。此外,随着研究的深入和推进,前两大视角被产业视角覆盖或替代,即技术、产品视阈的融合话题被纳入产业融合的一个支撑模块进行论述,而不是单列分支研究。比如,我国学者厉无畏等认为,不同产业或同一产业内的不同行业通过相互主导、相互交叉,最终融为一体,逐步形成新产业的动态发展过程,并表现为技术主导融合、产业间

---

① 蒋雪湘认为国内外对产业融合研究主要从技术、产品、产业和其他视角(包括创新、产业组织、综合)展开。资料来源:蒋雪湘.产业融合环境下中国图书出版产业组织研究[D].长沙中南大学博士学位论文,2009(12):2-4.

延伸融合和产业内关联融合[14]（厉无畏等，2002）；产业融合作为一种经济现象，是指为了适应产业增长而发生的产业边界的收缩或消失[15]，原本属于不同产业或市场的产品，由于技术创新而导致具有相互替代关系，而使两个产业或市场中的企业转为处在竞争关系中的一种现象[16][17]（植草益，2001；蒋雪湘，2009）。

2.1.2 媒介融合：融合的中介与载体

技术驱动下的产业融合内在机理与实现路径，在新闻传播学的媒介融合理论里得到了很好的解读。技术融合、媒介融合、产业融合之间的逻辑关系是新闻传播学和经济管理学研究者很长一段时间没有打通的一个学理问题。比如，继20世纪80年代媒介融合概念在美国学界和业界火起来之后，近几年中国以"中央厨房"为代表的媒体行业实施了媒介大融合，新闻传播学界的理念与操作是"技术融合→媒介融合"。比如，1983年，最早提出媒介融合理论的美国普尔（Pool）教授认为数字电子技术使原来具有各自鲜明特征的媒介形态逐渐交叉，各种媒介将其他媒介的优势功能吸收进来，呈现多功能一体化的发展态势[18]。它是在数字技术、网络技术和电子通信技术为核心的科学技术的推动下，组成大传媒业的各产业组织通过合作、并购和整合等手段，实现不同媒介形态的内容融合、渠道融合和终端融合的过程[19]（蔡雯等，2009）。这既是一种业务上的合作，也是媒介资源的最佳配置[20]（周鸿铎，2011）；而前述文献分析中可见经济管理学界对于融合的话题逻辑是"技术融合→产业融合"，没有注意到媒介融合在其中扮演的角色和重要地位。

2.1.3 产业融合：融合的目标与保障

随着研究的深入，有些研究者逐渐注意到了三者之间的逻辑关联：20世纪70年代以来，因数字技术而发展起来的"数字融合"使得电信、出版和广播电视等信息内容融为一种应用或服务方式，为20世纪90年代以来的电信业、出版业和广播电视业所出现的产业边界模糊化提供了重要的技术支持[21]（吴福象等，2011）。从媒介融合到产业融合的演进历经了技术融合、业务融合和市场（资本）融合三个阶段，数字技术打破了介质壁垒，使得各种媒介间的边界变得日趋模糊，从传播的发送端到接收端的功能融合[22]（肖叶飞，2011），媒介融合是产业融合的主要表现之一[23]（金永成等，2009）。

因此，通过上述的研究路径梳理，研究发现，技术融合是产业融合的逻辑起点，可以说是技术驱动导致了媒介融合并最终引发了产业融合，即"技术融合→媒介融合→产业融合"，形成闭合循环，技术融合是原始驱动力，媒介融合是技术融合与产业融合的关键与核心中介及载体，产业融合则是技术融合与媒介融合的目标指向与进一步可持续融合循环的保障，具体如图2-1所示。

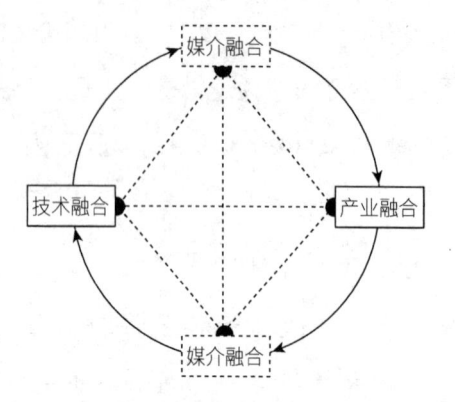

图 2-1 "技术融合→媒介融合→产业融合"闭合循环

2.2 理论关联剖析与互动机理：产业融合⇆产业集群

2.2.1 关联剖析：产业集群是产业融合的基础与载体

国内较早的研究者厉无畏等（2002）指出，产业簇群化对产业融合和主导发展有着促进作用，而在一定区域内高密度的产业融合和主导则可能产生新的产业簇群，产业生态化中资源持续循环的特征将贯穿未来的产业簇群和产业融合的发展之中，产业簇群和产业融合也因生态化而显示出强大的生命力[8]。尹莉等（2005）认为，技术进步与政府放松管制驱动了信息产业（CIT）融合，并导致CIT产品价值创造的模块化与全球化，使得产业集群不断地扩散和转移，从而淡化了原本重要的地理因素[24]。周振华（2004）认为，在信息化进程中，产业融合影响巨大，随着产业融合趋势的显现，传统产业逐渐分立，产业边界不断模糊，这种变化将对产业集群的边界及其地理集中性产生重大影响，并提出了以虚拟化的组织（网络）替代地理集中，以应对产业融合对传统地理集中型产业集群的挑战[25]，但有研究者却质疑用虚拟化的组织（网络）未必真的能够完全替代地理集中（苏晓亮，2010）[26]。虽有争议，但是从产业集群发展到今天的历史来看，特别是互联网经济的崛起以及中间性组织中大量虚拟企业（包括虚拟产业集群）的兴起，周振华和尹莉等的产业融合对集群地理上这种物理集中限制或影响降低思考还是比较有价值的，但是不能完全否定地理集中特别是有着丰富先天资源禀赋的集群对产业集群的应用价值，尤其地理上的先天禀赋资源对集群后期的发展与壮大，对有些高新数字出版产业还是有着比较重要的作用；此外，（消费或产业互联网）虚拟组织（网络）集群则进一步延伸和提升集群的产业融合实效。现实中，本课题研究对象国家数字出版基地，从目前已建成的14家来看，大多数采用"一个基地，多个园区"或"一园多地"的方式建设，前期还是主要采用了比较传统的地理集中集群方式。但是，随着互联网经济的兴起，基于分包制、战略联盟等基地集群外部化合作日趋活跃，传统集群的地理、产业等边界越来越模糊，进而导致集群的虚拟化也非常普遍，实际上这就是产业融合所导致的一种积极结果。

随着研究的推进，徐胜（2007）提出产业集群是区域创新体系及产业融合的重要载体，是其基础和动力所在[27]。秦嗣毅（2008）则认为产业集群、产业融合与国家竞争力的提升之间有非常密切的关系，产业集群是产业融合的基础，而产业集群和产业融合的形成，可以提高产业整体的竞争能力和国家竞争力，能够加强集群内企业间的有效合作，增强企业的创新能力和成长能力，并发挥资源共享的效应[28]。刘珂（2009）则指出，产业融合通过技术创新、产品创新、市场创新和组织创新，可推动产业集群实现工艺流程升级、产品升级、功能升级和价值链升级[29]。

至此，学界对产业集群和产业融合的互动机理与关联关系探讨已基本成型，即产业集群是产业融合的基础和载体，产业融合则会进一步提升集群的技术或区域创新、产业集聚和集群效应。

2.2.2 互动机理：产业融合与产业集群的逻辑互生与共赢

长期以来，国内学界对产业集群与产业融合的关联研究较少，其主要原因是研究者们更多关注的是第一、二、三等大产业门类之间的融合，而产业集群内更多的是相同产业的聚集，比如罗文等（2005）虽然意识到经济全球化和信息化带来的国际产业集群化、融合化、生态化等三大变化，在进行产业融合的经济学分析时将产业仍限定在传统三大产业门类的融合，也没有涉及产业融合发展对于产业集群的经济意义[30]；同样，陈柳钦（2006）也意识到了 21 世纪的未来产业发展集群化、融合化、生态化三大趋势，并细致论述了上述三大趋势，他显然意识到了上述三大趋势之间的联系，并认为产业聚集对产业融合有促进作用，而在一定区域内的产业融合可能会形成新的产业集群。可惜的是，他并未对二者之间的联系展开论述[31]。随着现代集群对地域、组织、管理、主营业务等方面的突破，集群的概念和产业包容不断延展，一些新兴相关产业大量涌入，集群作为一个开放系统只有借助技术、业务、市场、组织、管理等手段实施产业融合创新，才能实现集群发展的不断升级与改造。

由上可见，产业融合与产业集群之间存在着紧密的互动关系，二者相互关联，相互影响。有学者认为，产业集群治理的最高形态是共生治理[32]，由此，产业融合与产业集群的互动关系实质是一种逻辑互生关系，这种互生关系是建基于入驻产业价值链上的技术创新、利益共享共赢、分工合作和交织叠加网络协同关系。

2.3 基地集群产业融合研究现状：基于知网文献的可视化分析

鉴于课题研究跨界情况及多范围涉及，研究对课题进行"数字出版产业集群""数字出版产业融合""数字出版基地产业融合"等三个维度的主题拆分，再分别进行相关文献的收集、整理与可视化分析。

2.3.1 数字出版产业集群相关研究现状

一、数字出版产业集群研究文献总量及年度发表趋势

借助中国知网内置的文献在线计量可视化分析工具，结合课题研究主题，研究首先使用"数字出版+产业集群"进行两个主题关键词的交叉检索，共检索到2006—2021年相关文献102篇，最早文献发表时间为2006年，文献年度发表趋势如图2-2所示。

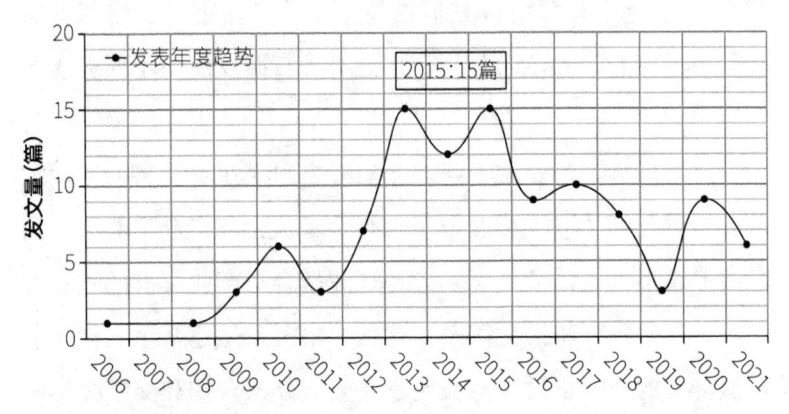

图2-2 2006—2021年"数字出版+产业集群"主题文献年度发表趋势
注：文献总数102篇，检索条件见注释①。

由图2-2可见，数字出版产业集群的相关研究总量还比较有限，峰值分别出现在2013、2015年，两个年度的文献最高值都是15篇，单个年度的研究成果发表也不是很多，且2016年

---

① 数据来源：文献总数102篇；检索条件：主题=数字出版或者题名=数字出版或者v_subject=中英文扩展（数字出版）或者title=中英文扩展（数字出版）并且主题=产业集群或者题名=产业集群或者v_subject=中英文扩展（产业集群）或者title=中英文扩展（产业集群）（模糊匹配），专辑导航：全部；数据库：文献跨库检索；检索时间：2021年9月9日上午。

以后相关研究发表有逐年下降的趋势。

二、数字出版产业集群研究主题（词）分布

研究进一步进行相关研究主题词的在线生成，结果如图 2-3 所示，除去与原搜索主题词相同或相近等无效词，可见数字出版产业集群主题研究的主题词主要分布在数字出版产业链、数字出版基地、产业融合、数字化转型、产业竞争力、评价指标体系、技术驱动等领域，研究主题相对比较集中。

2.3.2 数字出版产业融合相关研究现状

一、数字出版产业融合研究文献总量及年度发表趋势

结合课题研究主题，方法同上，研究进行"数字出版 + 产业融合"两个主题关键词的交叉检索，共检索到 2009—2021 年相关文献 131 篇，最早文献发表时间为 2009 年，文献年度发表趋势如图 2-4 所示。

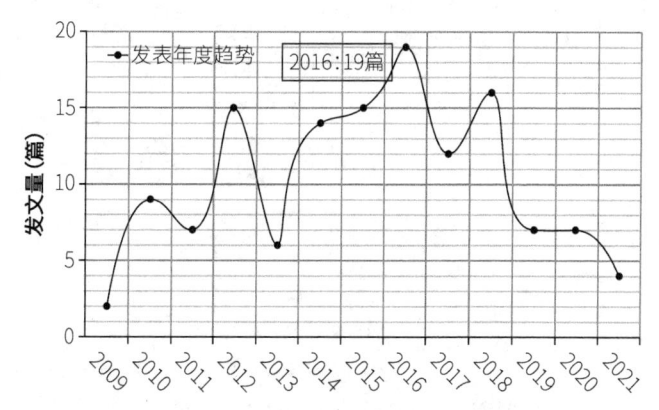

图 2-4　2009—2021 年"数字出版 + 产业融合"主题文献年度发表趋势

注：文献总数 131 篇，检索条件同图 2-2。

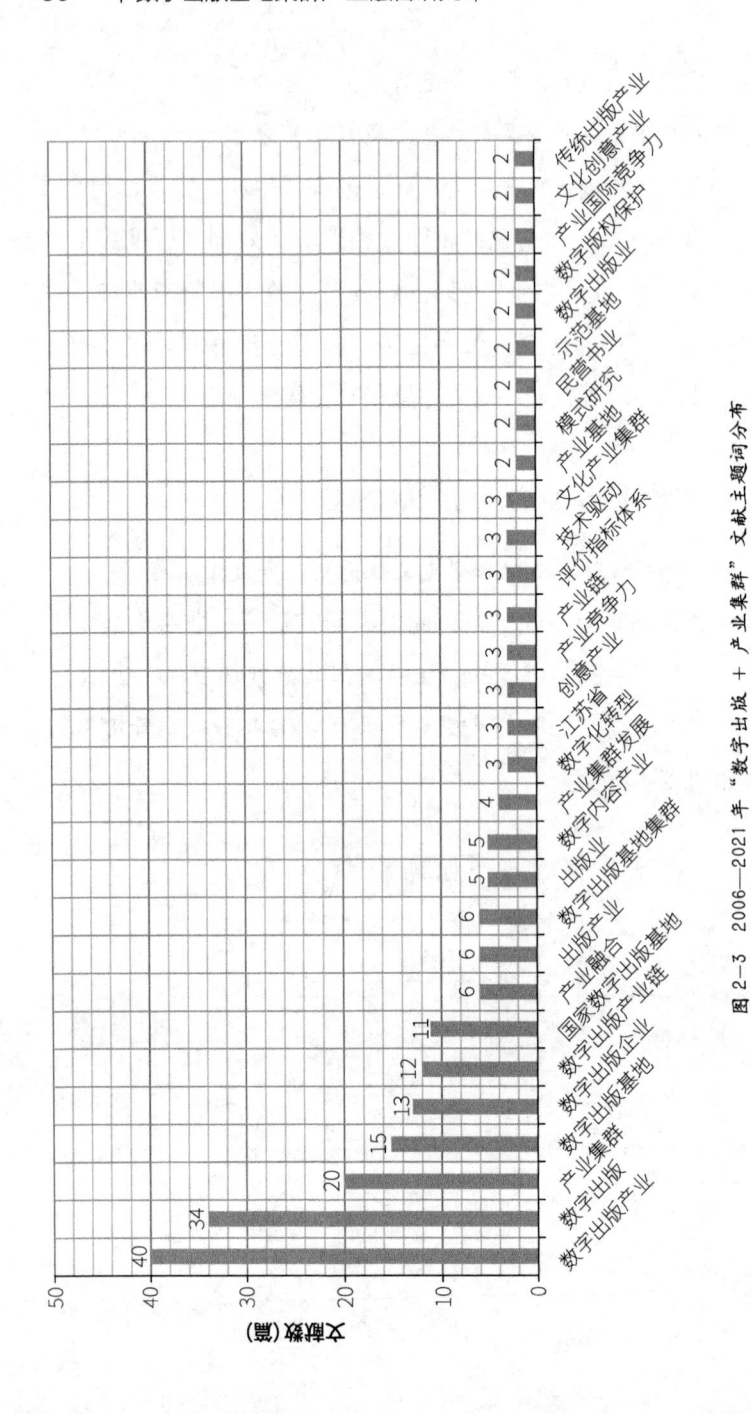

图 2-3 2006—2021 年 "数字出版 + 产业集群" 文献主题词分布

注：检索条件同图 2-2。

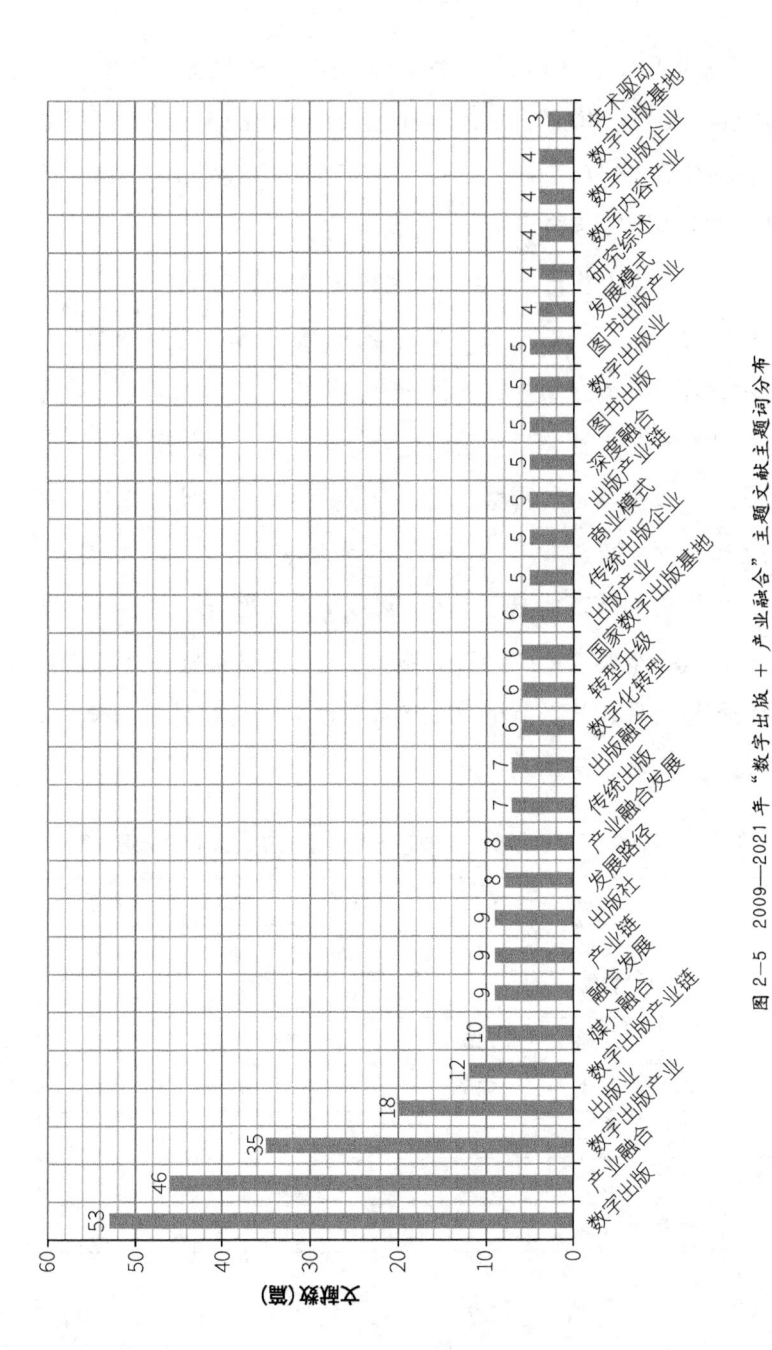

| 第二章　理论基础：国内外研究梳理与文献综述 | ◇ **31**

图 2-5　2009—2021 年"数字出版 + 产业融合"主题文献主题词分布

注：文献总数 131 篇，检索条件同图 2-2。

由图 2-4 可见，数字出版产业集群的相关研究总量相对"数字出版产业集群"略多，峰值出现在 2016 年，该年度的文献最高值是 16 篇，2009 年—2021 年平均每年发文 10.08 篇，且 2019 年以后相关研究发表呈现下降趋势。

二、数字出版产业集群研究主题（词）分布

研究进一步进行相关研究主题词在线分析，结果如图 2-5 所示，除去与原搜索主题词相同或相近等无效词，可见数字出版产业集群主题研究的主题词主要分布在数字出版产业链、媒介融合、发展路径、转型升级、国家数字出版基地、商业（发展）模式等领域。

为了更加清晰地把握"数字出版+产业融合"主题研究视角，研究在线微词云工具对上述 131 篇文献的选题进行高频关键词词频提取，共提出相关关键词 44 个，研究统计了词频 ≥ 4 的高频关键词如表 2-1 所示。

表 2-1　2009—2021 年数字出版产业融合研究主题高频关键词分布

序号	关键词	频次	序号	关键词	频次
1	转型	12	11	企业	5
2	模式	11	12	国家	5
3	基地	10	13	战略	4
4	路径	10	14	集群	4
5	策略	8	15	技术	4
6	对策	8	16	媒介	4
7	背景	8	17	文化	4

续表

序号	关键词	频次	序号	关键词	频次
8	产业链	7	18	区域	4
9	互联网	5	19	环境	4
10	内容	5			

注：频次≥4统计。

在上述44个关键词基础上，研究借助在线微词云工具进行词云聚类可视化分析，结果如图2-6所示。

图2-6 2009—2021年数字出版产业融合研究主题可视化词云

注：该图为微词云在线生成（https://www.weiciyun.com/）。

结合表2-1和图2-6所示，研究梳理可见，2009—2021年数字出版产业融合研究主题主要集中在：

（1）面向数字出版产业融合的转型发展研究。

（2）数字出版基地产业融合模式研究。

（3）数字出版基地产业融合研究。

（4）数字出版基地产业融合路径研究。

（5）数字出版产业融合策略与对策研究。

（6）数字出版产业融合背景研究。

（7）数字出版产业融合中的产业链研究。

2.3.3 数字出版基地产业融合相关研究现状

一、数字出版基地产业融合研究文献总量及年度发表趋势

为聚集课题的研究对象及目标，同样借助中国知网内置的文献在线计量可视化分析工具，研究使用"数字出版基地＋产业融合"进行两个主题关键词的交叉检索，共检索到2011—2021年相关文献25篇，最早文献发表时间出现在2011年，文献年度发表趋势如图2-7所示。

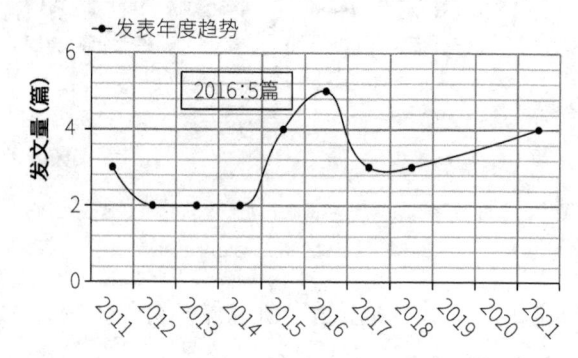

图2-7 2011—2021年"数字出版基地＋产业融合"主题文献发表趋势

注：文献总数25篇，检索条件同图2-2。

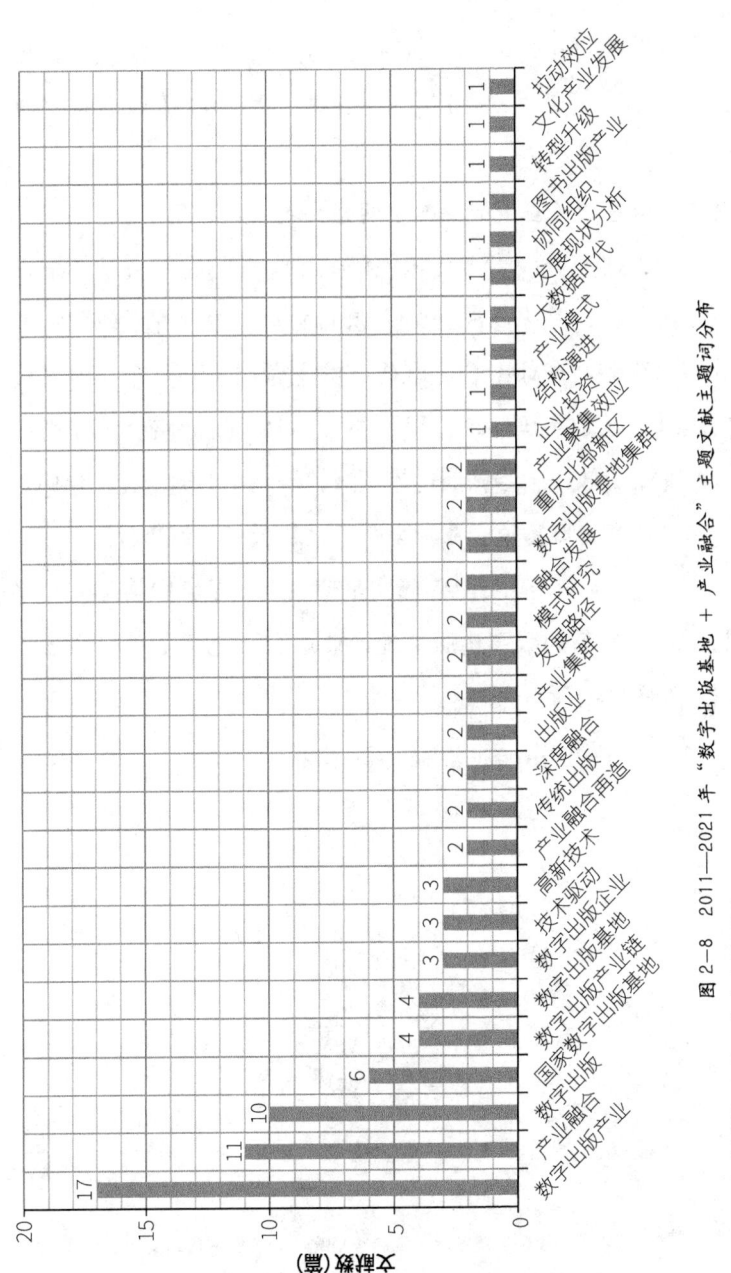

图 2-8 2011—2021 年"数字出版基地 + 产业融合"主题文献主题词分布

注：文献总数 25 篇，检索条件同图 2-2。

由图2-7可见，数字出版基地产业融合的相关研究总量较少，发文最高峰值在2016年，是5篇，但2017年以后相关研究发表略有上升趋势。

二、数字出版基地产业融合研究主题（词）分布

同上，研究进一步进行相关研究主题词的在线分析，结果如图2-8所示，除去与原搜索主题词相同或相近等无效词，可见数字出版基地产业融合主题研究的主题词主要分布在国家数字出版基地、数字出版产业链、技术驱动、发展路径、模式研究、产业聚集效应、结构演进等领域，研究主题同样比较集中。

三、数字出版基地产业融合研究文献互引网络分析

为了进一步了解上述25篇文献使用活跃及集中情况，研究绘制了上述文献的数字出版基地产业融合研究文献互引网络结构图，如图2-9所示。

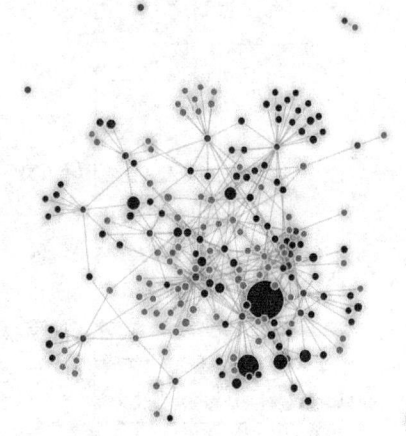

图2-9 数字出版基地产业融合研究文献互引网络结构

第二章 理论基础：国内外研究梳理与文献综述 | 37

由图 2-9 所示，由于原始文献较少，相关参考文献、引证文献之间联系比较紧密，课题选择中心点位置的一篇文献（方卿等文章），与之相关的引证文献达到 34 篇。因此，因为研究文献不足，导致几篇代表性文献的受关注度比较高。

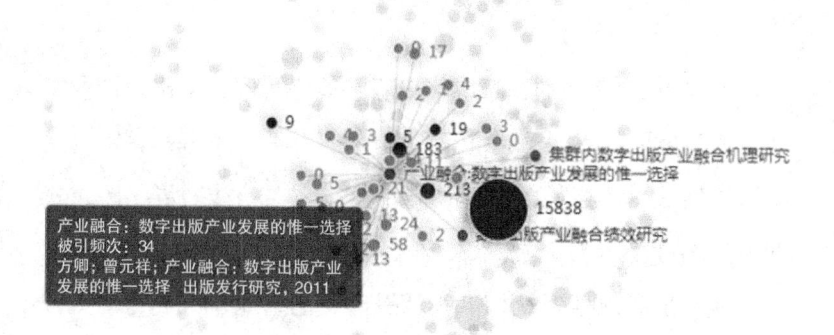

图 2-10 数字出版基地产业融合代表性文献互引网络结构

（五）数字出版基地产业融合研究文献学科分布分析

研究最后对上述 25 篇文献的学科分布进行可视化统计分析，如图 2-11 所示。

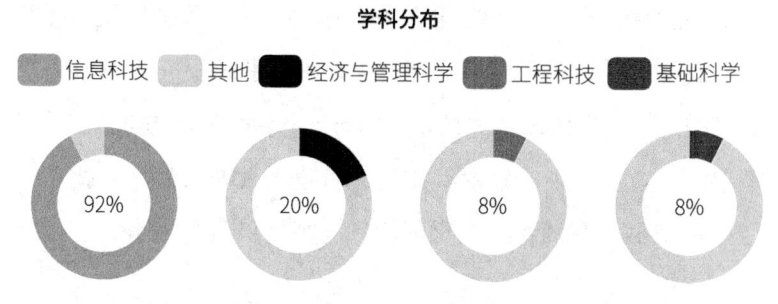

学科分布

信息科技 92%　其他 20%　经济与管理科学 8%　工程科技 8%　基础科学

图 2-11 数字出版基地产业融合研究文献学科分布分析

由图 2-11 可见，数字出版基地产业融合截至目前的研究主要集中在信息科技、经济与管理科学两大学科内，而在基础科学等学科内较少。

2.4 现实契需与三阶跨越式发展：
点→线→面（群）

始建于 2008 年的国家数字出版基地是我国数字出版产业实现集约化发展的重要平台。正如前述，伴随 14 家基地在国内空间布局完成，我国数字出版产业已实现"点→线→群"跨越式发展。2011 年 5 月，在第 21 届全国图书交易博览会上，时任国家新闻出版总署署长柳斌杰就提出要把基地建设成为推进传统出版与数字出版深度融合的推进器，并指出出版企业与技术开发商、内容集成商、渠道提供商、平台运营商和终端生产商之间的合作越来越紧密，促使了传统出版与数字出版产业融合度不断加深[33]；同年 11 月，他在"以改革为动力兴起社会主义文化建设新高潮——学习党的十七届六中全会《决定》的体会"一文中再次提出，自 2005 年年底，中共中央、国务院发出《关于深化文化体制改革的若干意见》之后，我国文化体制改革重大突破之一就是实现了"调整结构布局，转变发展方式"：重视调整"产业—企业—产品"结构，新建一批新兴战略文化产业园区和集群，并加快了文化创新和与高新科技的融合，有效提升了文化竞争力[34]。

2014年5月，时任国家新闻出版广电总局副局长孙寿山提出以转型升级促进传统媒体与新兴媒体融合发展，切实加强产业协作，要加强产业间跨领域、跨行业的深度融合，建立数字出版产业各环节良性的沟通协作机制[35]。2014年8月，中央全面深化改革领导小组第四次会议审议通过《关于推动传统媒体和新兴媒体融合发展的指导意见》，习近平总书记在会上强调，要推动传统媒体和新兴媒体融合发展，坚持传统媒体和新兴媒体优势互补、一体发展，坚持先进技术为支撑、内容建设为根本，推动传统媒体和新兴媒体在内容、渠道、平台、经营、管理等方面的深度融合[36]。由此带来了国家数字出版产业基地集群产业融合发展的重大机遇。方卿等（2011）学者更是提倡，产业融合是数字出版产业发展的唯一选择[1]。也有学者认为，我国数字出版已进入产业融合的发展阶段（张攀，2014）[37]。

2005年10月11日，中国共产党第十六届中央委员会第五次全体会议通过《关于制定国民经济和社会发展第十一个五年规划的建议》，"数字出版"一词首次出现，标志我国出版业由传统出版正式迈向现代出版业的转型起步；2005年12月23日，中共中央、国务院下发《关于深化文化体制改革的若干意见》，首次提出发展出版等产业基地、产业群等概念；2006年12月20日，新闻出版总署发布《新闻出版业"十一五"发展规划》，首次提出了"数字出版"基地集群发展战略；2014年10月8日，国家新闻出版广电总局发布首个《国家新闻出版产业基地（园区）管理办法》，加强和规范对国家新闻出版产业基地（园区）

的管理；2016年，"数字出版"首次列入国家五年规划纲要，国家"十三五"规划明确提出"加快发展网络视听、移动多媒体、数字出版、动漫游戏等新兴产业"，这标志着我国出版业新业态的产业融合发展已被提升为国家战略层级[38]，2016年11月29日，国务院发布《"十三五"国家战略性新兴产业发展规划》（国发〔2016〕67号），数字出版首次被列入国家战略性新兴产业。2018年2月6日，国家新闻出版广电总局办公厅发布《国家新闻出版产业基地创建工作规范》（新广出办发〔2018〕10号），规定了包括国家数字出版基地在内的基地创建工作规范，明确提出动态管理等创建机制、考核机制、退出机制，清晰地传达出基地集群发展必须由"跑马圈地"粗放式发展转向"精耕细作"集约式发展，由量转向质，注重内涵和创新建设，也符合我国产业政策制定的"先发展，后治理""边发展、边治理"的逻辑思路。2019年，国家新闻出版署发布《国家出版产业基地（园区）管理办法》，更新了2014年版《国家新闻出版产业基地（园区）管理办法》。因此，在产业政策由诱致转向强制、由发展转向治理的时候，集群创新和转型升级就显得尤为重要了，而其中的关键就是集群产业融合问题。

此外，我国出版业整体上的转型升级迫在眉睫：2014年4月24日国家新闻出版广电总局、财政部印发《关于推动新闻出版业数字化转型升级的指导意见》（新广出发〔2014〕52号），2015年3月31日国家新闻出版广电总局、财政部发布《关于推动传统出版和新兴出版融合发展的指导意见》（新广发〔2015〕

32号），2017年3月27日国家新闻出版广电总局、财政部发布《关于深化新闻出版业数字化转型升级工作的通知》，2020年9月，中央办公厅、国务院办公厅联合发布了《关于加快推进媒体深度融合发展的意见》，这些政策的密集发布标志着以数字化技术为基础支撑的出版新业态必然要发展起来，其中只有也必须借助产业融合才能实现。在"互联网+"的加速推动下，技术与出版、金融与出版、资本与出版、数据与出版等融合程度与深度急需不断提升，技术、金融、资本、数据等对数字出版产业发展的支撑作用也在不断加强。在这种趋势下，出版行业必然要聚科技之力，推动产业融合，以实现数字出版行业在内容、技术、渠道等环节上的深度融合发展（邬书林，郑伟等，2017）[39]。

2.5 本章小结

首先，本章架构了研究的"技术融合→媒介融合→产业融合→媒介融合→技术融合……"闭循环理论研究框架，厘清了技术融合是产业融合的逻辑起点，媒介融合是技术融合与产业融合的中介，产业融合是结果，更是一种目标，三者之间的内在逻辑关系是技术融合驱动了媒介融合并最终引发了产业融合，产业融合也必须建基于技术融合和媒介融合。

因此，本课题为学界厘清了三大融合之间的逻辑学理和关联关系，也为今天新闻传播学界与行业集中关注媒介融合时发现了技术融合前端与产业融合后端，特别是平面媒体与广电媒体媒介融合的发展趋势一定是产业融合，现在传统媒体的媒介融合困境都是源自产业融合的维度、烈度、深度还没有达到，甚至是一些"网、端、微"等新媒体项目上马都没有按照产业融合的规律和路径去办，通过实施行政手段强制融合的因素仍存在，其效果只能是越来越差。

其次，研究将产业融合与产业集群理论进行了"产业融合与产业集群"的研究关联梳理，发现二者存在着紧密的互生关系：产业集群是产业融合的载体和基础要件，产业融合则会极大地提升产业集群运行实效与创新绩效。这种互生关系是建基于产业链上的技术创新、利益共享共赢、分工合作和网络协同关系。

第三，借助中国知网内置的文献在线计量可视化分析工具和（在线）微词云工具，研究分析了基地集群产业融合研究现状。研究使用"数字出版+产业集群""数字出版+产业融合""数字出版基地+产业融合"等三组主题关键词进行交叉检索，全面揭示了课题当前的研究趋势、主题词分布等。

最后，研究梳理了我国数字出版基地集群政策实践牵引及其产业融合演化路径，即实现"点→线→面（群）"三阶跨越式发展，其中关键抓手就是在基地集群中如何实现产业融合发展，进而推动和引领整个新闻出版产业的规模化、集中化与专业化发展。

第三章 现状分析：数字出版基地集群产业融合演进

3.1 国家政策演化牵引：离散转向集中

经济学上，自 1890 年的马歇尔产业区理论开始，产业集群现象实质上就已经被研究者们所关注。一直到了 20 世纪 70 年代，一种颇具特色的区域产业集聚组织形式（实际就是后来的产业集群），因其在改造全球化竞争中逐渐衰落的西方老工业区所发挥的巨大作用而一夜成名[①]，并激起了业界和理论界的广泛关注和研究热情。这种产业集聚现象或组织形态最终在 1990 年波特新竞争经济学的"钻石模型"中被定名为"产业集群"（Porter,1990）。产业集群由此在西方很多国家的诸多产业（包括文化产业）中得以快速铺展、套用和发展壮大。

我国文化传媒产业集群（含出版产业集群）理论研究及实践推进，究其产生原因或源头主要来自两个方面：一是文化体制改革的制度牵引；二是上述国内外产业集群理论兴起，以及

[①] 形成于西方老工业区的产业集群最初主要价值体现：一是解决了不同企业之间一体化协同分工，降低了生产成本；二是解决了集群组织内市场化交易问题，降低了交易成本；三是产生了"1+1＞2"产业集聚效益。因此，直至今天这几大块价值仍是各国发展产业集群的关键考虑要素。

一些文化传媒产业集中典型案例的理论借鉴与实践启发。

实践中，产业集中的两种主要方式就是集团化与集群化。通过进一步理论分析和政策梳理可以发现，我国文化传媒（包括出版传媒）集团化和集群化发展是文化体制改革的两个重要路径，是促进产业发展并进行产业结构调整的两大重要手段。回溯既往，自 1978 年改革开放后我国文化领域的体制改革至今，出版产业政策发展有着明显的生命周期特征，"准备→试点→推广→发展……"不断推进制度演化发展。

3.1.1 准备期（1978—2002）：意识突破与产业概念提出

1978 年开始的经济领域体制改革在 1979 年延伸到了文化领域，在当年 12 月的全国出版工作会议上确立了地方出版社发展方针是"立足本省，面向全国"，由此促发了当年有着产业布局意蕴的出版结构首次调整。

1983 年 2 月，文化部出版局发布《关于出版社、新华书店总店、中国印刷公司列入 1982 年的调资范围后的几项规定》。据其规定，出版社的性质属于"事业单位，实行企业管理"。由此，包括新闻出版业在内的我国传媒文化行业最重要的管理体制"事业单位，企业化管理"双轨制正式确立了，并直接为文化事业和文化产业的分类管理、分类发展奠定了重要的体制基础。

1983 年 6 月，中共中央、国务院颁布《关于加强出版工作的决定》，提出图书是一种商品，出版工作也是一种经营活动；要把社会效益放在首位，同时注重经济效益。这又是出版体制改革历程中一个非常重要的认识突破,即对出版由传统单一的文化意识形态思维,转向开始重视文化的商品、商业和经济思维建设。

1996年9月,国务院颁布了我国首个促进文化事业发展的文化经济政策《关于进一步完善文化经济政策的若干规定》,提出要完善我国文化经济政策,拓宽文化事业[①]资金投入渠道,逐步形成符合要求的筹资机制和多渠道投入体制。该政策为后续文化行业的投融资及产业概念出现奠定了政策基础。同年10月,党的十四届六中全会决议提出,加强对新闻出版业的宏观调控,推动其从规模注重转向效益提升,从粗放发展转向集约式发展,并由此推进了全国性出版业发展的阶段性转移,这一

---

① 文化事业是我国一个特有词。新中国成立后,计划经济体制中文化领域由国家拨款,被统称为文化事业。1963年,《国务院关于编制管理的暂行规定》将国家编制划分为行政、事业和企业,规定"凡是为国家创造或者改善生产条件,促进社会福利,满足人民文化、教育、卫生等需要,其经费由国家事业费内开支的单位均为事业编制";1984年,《关于国务院各部门直属事业单位编制管理试行办法(讨论稿)》中除了1963年"暂行规定"中的"凡是……"条件外,规定"不是以为国家积累资金为直接目的的单位,可列为事业单位编制"。可见,文化事业最初的界定主要参考了经费来源和编制管理两大块;20世纪80年代起,文化事业开始尝试依据其活动的目的进行划分;90年代,我国将社会组织正式划分为国家机关、军队组织、政党组织、企业组织、事业组织和社会团体六大类,作为事业组织的主要组成部分,文化事业没有再沿用过去以经费、编制等进行界定,而是从其发展方向、设立宗旨、举办主体、活动性质和活动目的等几方面进行界定。

资料来源:王雪野.文化事业与文化产业(一)[EB/OL].http://blog.sina.com.cn/s/blog_583a989c0100ajeb.html,2008-09-13.

阶段性转移从一开始提出就包含着两个方面的任务：一是要实现体制转轨，二是要实现增长转型[40]。

1997年，中共十五大之后，中国新闻出版业开始了集团化发展之路，中宣部和国家新闻出版署先后批准建立了广州日报报业集团等6家报业集团和北京出版社出版集团、广东出版集团、上海世纪出版集团等3家出版集团，由此加快了我国出版业的集约化步伐（于友先，2006）[41]。2001年8月，中央宣传部、国家广电总局、新闻出版总署联合颁发了《关于深化新闻出版广播影视业改革的若干意见》，指出新闻出版广播影视业是"既有一般行业属性，又有意识形态特殊性"，要求"以结构调整为主线"，"积极推进集团化建设，把集团做大做强"。显然，此时我国相关管理部门已经比较清晰地认识到新闻出版广播影视业的重要的行业或商业属性，指出了产业集中之路就是"结构调整为主线，集团化发展为重点，以多媒体兼营、跨地区经营等投融资手段使用为抓手"。

2001年10月，党的第十五届中央委员会第五次会议通过《关于制定国民经济和社会发展第十个五年计划的建议》，官方文件中首次使用了"文化产业①"一词。因此，有学者认为，文

---

① 在西方，最早提出文化产业概念的是法兰克福学派（Frankfurt School）的阿多诺（Theodor W. Adorno）和霍克海默（Max Horkheimer），1944年二人合著的《文化工业：作为大众欺骗的启蒙》一文中首次使用"culture industry"，用以替代"大众文化"，以表示大众文化的产品及其生产过程。

资料来源：郭万超，马萱."文化产业"概念的演变、含义与构成研究[EB/OL].http://blog.sina.com.cn/s/blog_70b69be60102vbsc.html,2015-01-29.

化产业据此由"自发发展"阶段进入"国家自觉推动"阶段，并上升为国家层面的发展战略（曹光章，2012）[42]。

同期，在2001年这一年，国务院进行了机构改革，将新闻出版署更名为新闻出版总署，确立为正部级单位，与国家版权局仍是"一个机构、两块牌子"。这是一种"出版+版权"相关政府部门的职级提升与职能整合，可见国家对新闻出版业的高度重视，也为后续产业发展形成专业化管理奠定了组织基础。

2002年5月，国家新闻出版总署颁布《关于贯彻落实〈关于深化新闻出版广播影视业改革的若干意见〉的实施细则》，鼓励、指导并帮助出版社进一步优化出版结构，积极进行规模扩张，尽快做大做强，提出实施"多媒体兼营""跨地区经营""拓宽融资渠道""健全市场体系""实施'走出去'战略""健全法规体系""运用高新技术""出版单位内部改革""人才培养和队伍建设""继续治散治滥""加强对改革的组织领导"等结构化调整、规模化运营和投融资体制改革规定，为出版产业的规模化、集团化发展夯实了制度保障。

2002年7月，中共中央办公厅、国务院办公厅发布《关于转发〈中央宣传部、新闻出版总署关于进一步加强和改进出版工作的若干意见〉的通知》，提出出版业改革应"借鉴经济领域改革的成功经验""重点培育大型出版集团和发行集团""在国有资本控股的前提下，对发行集团和省级新华书店等，实行股份制改造"。该文件对国有发行集团、发行渠道的股份制改造起到了重大推动作用，也有利于进一步激活产业的投融资活动，为区域大型出版集团、发行集团的出现打下了坚实的制度基础。

2002年11月8日，党的十六大报告提出了文化事业和文化产业分类管理、分类发展的要求，为出版业的"转企改制"发展提供了有力的政治保障。原国家新闻出版总署署长柳斌杰（2013）认为，真正走上科学道路的文化体制改革是从党的十六大开始的，之前的只是适应性、应对性改革，转变为实质性改革，是我国文化建设的新起点[43]。

由上述政策建设历程梳理可见，出版产业化发展孕育于我国文化体制改革的前端，对出版行业、商品或商业属性的认识，突破了其传统的单维意识形态认识，伴随着文化产业概念的提出，终于为出版行业后续发展确定了最为需要的一种身份，并最终在党的十六大上得到了认可和确立，即文化事业和文化产业分类管理、分类发展，这也为即将开始的文化体制改革铺垫了重要的政治基石。

3.1.2 试点期（2003—2005）：集团化建设与集约化经营

文化体制改革试点在党的十六大之后轰轰烈烈地开展起来了，而出版行业由于其行业或产业属性的凸显，从一开始就领跑于其他文化行业。按照制度经济学对制度经典的强制性、诱致性二分法，研究进行了如下相关历程分析。

一、强制性制度推进：体制渐变与集团化结构调整

2003年1月15日，国家新闻出版总署署长石宗源在全国新闻出版局长会议上做了《认真学习宣传贯彻十六大精神，以"三个代表"重要思想为指导，在全面建设小康社会进程中开创新闻出版工作新局面》的报告。会议提出，要"调整结构，深化改革：对出版产业的结构进行战略性调整，进一步推进集团化建设，实现集约化经营"，十分明确地指出出版产业结构主要问题就是组织形式单一、产业集中度偏低；而解决对策就是结构战略性调整、集团化建设与集约化经营。需要指出的是，会议首次提到了集约化经营问题，因为它是产业集群企业"生产—交易"经济活动的重要特征和有效方式。

2003年7月31日，中共中央办公厅、国务院办公厅转发《中共中央宣传部、文化部、国家广电总局、新闻出版总署关于文化体制改革试点工作的意见》的通知，正式实施党的十六大提出的"文化事业与文化产业分类发展"的会议精神，在全国所确定的首批35个文化体制改革试点单位中，新闻出版单位就有21家，占了总数的60%。其中改制试点的主要目标就是要实现提高产业集中度，即调整产业结构，实现集团化发展和集约化经营。

2003年9月4日，文化部颁布《关于支持和促进文化产业发展的若干意见》，首次正式确定了文化产业的概念（内涵与外延），由此厘清了长期困扰行业中文化事业与文化企业边界不分的问题，并提出了文化产业资源整合与集约化经营、集团化发

展的产业集中发展之路,并提出了"文化+科技"融合发展的思路。

2003年10月14日,中国共产党的第十六届中央委员会第三次全体会议(十六届三中全会)通过《关于完善社会主义市场经济体制若干问题的决定》,进一步明确了文化体制改革的管理体制、目标、任务和方法,特别是公益性文化事业单位与经营性文化产业单位"分类指导"成为以后文化体制改革的重要管理原则。

2003年12月,新闻出版总署出台了《新闻出版体制改革试点工作实施方案》,该方案也拉开了中国出版体制改革进程中最具有里程碑意义的帷幕,即"转企改制"、分类发展,方案也为出版产业集中发展迈出了体制改革上的一大步。

2004年4月1日,国家统计局发布《关于印发〈文化及相关产业分类〉的通知》(国统字〔2004〕24号),这是我国第一个文化产业统计分类,它规范了文化及相关产业的口径、范围,规避了国家、地方文化产业统计重复、交叉等情况,使得文化产业的时间、区域等纵横向比较得以实现[44]。

2004年9月19日,中国共产党第十六届中央委员会第四次全体会议通过《关于加强党的执政能力建设的决定》,进一步明确党对文化体制改革推进的决心,提出社会主义先进文化的能力作为加强党的执政能力建设的重要一项,进而提出深化文化体制改革的任务:"以体制机制创新为重点,增强微观活力,健全文化市场体系。"

2005年10月11日，中国共产党第十六届中央委员会第五次全体会议通过《中共中央关于制定国民经济和社会发展第十一个五年规划的建议》（下称《建议》），提出要发展"现代出版发行业，积极发展数字出版，重视网络媒体建设"，由此"数字出版"一词首次出现，体现了现代新型出版行业创新的发展趋势。2006年3月16日，《建议》所形成的《国民经济和社会发展第十一个五年规划纲要》在中国共产党第十届全国人大第四次会议上被审议通过。

由上可见，在文化体制改革试点期间，产业集中发展和调整产业结构的主要任务和方式就是集团化发展，并有集约化经营意识，这一集群化发展的重要特征实际也为出版集群的出现做了产业准备。基于组织属性的视角，集团和集群同属于中间性组织，只不过产业集群是一种介于科层企业和竞争市场之间的中间性组织（网络组织）[45]，二者对于产业结构调整功能所发挥的作用是不一样的：集团主要解决的是小与大、弱小与规模的结构问题，而集群主要解决的是量与质、粗放发展与集约发展的问题；二者组织运行与调节方式也是完全不同的，前者使用的是行政命令，后者采用的是价格机制。

二、诱致性制度引导：优惠政策工具使用

在强制性政策推行的同时，政府也出台了一系列优惠政策，引导、鼓励和帮助出版企业"转企改制"顺利推进。

2003年12月24日，国务院办公厅发布《关于印发文化体制改革试点中支持文化产业发展和经营性文化事业单位转制为企业的两个规定的通知》(国办发〔2003〕105号)[①]。对文化体制改革试点中的转制企业在财政税收、投融资、价格、资产处置、收入分配、国有文化资产委托代理经营、工商管理、法人登记、社会保障、人员分流安置等10大问题做出相应规定,为试点改革提供了良好的政策环境。

2005年3月29日,财政部、海关总署、国家税务总局下发了《关于文化体制改革中经营性文化事业单位转制为企业的若干税收政策问题的通知》(财税〔2005〕1号)和《关于文化体制改革试点中支持文化产业发展若干税收政策问题的通知》(财税〔2005〕第2号),旨在配合和推进文化体制改革试点工作,对经营性文化事业单位"转企改制"、文化企业等在免征企业所得税、进口关税及土地房产税等方面形成的配套优惠政策,从而体现文化体制改革系统工程特性,展现了政策的跨部门协同与支持功能。这两个文件也成为后期连续性支持文化体制改革和相关文化企业"转企改制"的重要政策,对产业结构调整和转型发展起到了重要的引领、助推和帮扶作用。

上述三大产业政策有力辅助了文化体制改革和出版行业"转企改制"试点的推进,并在实践中逐步成为文化体制改制三大成熟的配套优惠政策体系。

[①] 2003年,中宣部会同中组部、中编办、发改委、财政部、人事部、劳动保障部、文化部、税务总局、工商总局、广电总局、新闻出版总署等单位提出《文化体制改革试点中支持文化产业发展的规定(试行)》和《文化体制改革试点中经营性文化事业单位转制为企业的规定(试行)》并报请国务院审批通过。

同时，政府还进行原有一些强制性制度的规制放松。2005年4月13日，国务院颁发《关于支持非公有资本进入文化产业的若干规定》（国发〔2005〕10号），该政策为引导和规范非公有资本进入文化产业，逐步形成"公有制为主体、多种所有制经济共同发展"的文化产业格局奠定了良好政策基础。

3.1.3 推广期（2006—2010）：产业升级与结构同质化解决

一、强制性制度推进：集团思维转向集群思维

2005年12月23日，中共中央、国务院下发《关于深化文化体制改革的若干意见》，标志2003年6月开始的文化体制改革试点完成，成效显著，并进入了全面深化和推广阶段。首次提出了文化产业发展的量与质的问题，即提高规模化、集约化、专业化水平。首次提出出版等产业基地、产业群等概念，说明产业集中发展认识及思维实现了两个突破：（1）"规模化→集约化→专业化"，体现了质与量、规模与效率、分工与专业的兼顾；（2）"集团发展思维→集群发展思维"。

除此之外，研究还有一个有趣的发现，我国出版产业基地、集群理念的提出与新型出版业"数字出版"概念的提出几乎同步，说明出版产业集群从一开始就打上了技术、创新等烙印。

2006年3月，"全国文化体制改革工作会议"召开，这次会议既是对之前文化体制改革的一种总结，又意味着文化体制改革即将作为整个国家体制改革的一部分进入深推阶段。

2006年9月13日，中共中央办公厅、国务院办公厅颁发《国家"十一五"时期文化发展规划纲要》，这是我国第一个专门部署文化建设的中长期战略规划。首次从产业布局和结构产业、产业增长方式3个维度提出了产业带、园区、基地等集群发展战略，基地集群理念也首次被提到国家文化产业发展的重点战略地位。文化产业集中提升将实现"集团+集群"协同发展。

2006年10月11日，中国共产党第十六届中央委员会第六次全体会议审议通过《中共中央关于构建社会主义和谐社会若干重大问题的决定》，决定再次强调文化事业和文化产业共同发展理念，重视文化产业体制改革与生产经营机制激活，比较全面地提出了产业的大企业建设（规模化、集团化）、文化产业项目拉动、集约化经营、产品与服务和文化"走出去"等。

2006年12月20日，新闻出版总署发布《新闻出版业"十一五"发展规划》，清楚意识到新闻出版产业产品及增长方式传统、粗放，以及产业结构趋同、集中度低等问题，首次提出了"数字出版"基地集群发展战略，以带动上述相关问题的解决。

需要指出的是，从上述《新闻出版业"十一五"发展规划》中关于"数字出版"基地集群发展战略定位，可以清楚地看出，数字出版集聚集群化发展是解决文化体制改革中出版业"转企改制"过程出现的同质化产业结构问题的有效手段，而这些问题很显然用集团化发展路径是无法解决的。

2007年10月15日，党的第十七次全国代表大会报告提出要深化文化体制改革，完善扶持公益性文化事业、发展文化产业、鼓励文化创新的政策。明确提出了"重大文化产业项目带动战略，文化产业基地和区域性特色文化产业群建设战略"。

2008年5月5日，新闻出版总署召开党组中心组理论学习（扩大）会议，确定新闻出版改革时间表与路线图，即三年内完成出版体制改革和公益性事业与经营性产业两分开，前者是为了加快"转企改制"，后者是为了进一步明晰改革内部运行机制。

2008年7月，上海张江国家数字出版基地获批成立，它是我国第一家国家数字出版基地和试验田，标志着数字出版基地集群化发展正式拉开帷幕。

2009年3月25日，新闻出版总署印发《关于进一步推进新闻出版体制改革的指导意见》，文件主要从"新闻出版体制改革的积极探索和成功经验""进一步推进新闻出版体制改革的重要性和紧迫性""新闻出版体制改革的指导思想""原则要求和目标任务、进一步推进新闻出版体制改革的主要任务""进一步推进新闻出版体制改革的政策保障""加强对新闻出版体制改革工作的组织领导"等六个方面提出了详细的指导意见。该意见是在新闻出版体制改革处于全面推开的关键时期、进入破解深层次矛盾和问题的关键阶段及时提出的，对于企业做大做强、产业升级与结构调整、投融资与资本运作、市场开放与体系重构等问题解决起到了极为关键的指导作用。

2009年7月22日，国务院颁发《关于印发〈文化产业振兴规划〉》(国发〔2009〕30号),这是国务院继钢铁、汽车等十大产业振兴规划后出台的又一重要产业振兴规划,标志着"文化产业已经上升为国家的战略性产业",从中可以看出:出版业将要加快面向数字出版的产业结构调整和升级;体现了我国文化产业集中将实现"集团+集群"协同发展的特征。

2010年1月1日,新闻出版总署发布《关于进一步推动新闻出版产业发展的指导意见》(新出政发〔2010〕1号),其中"主要措施"中提出"建设新闻出版产业带、产业园区和产业基地,发挥产业集群优势",并充分认识到高新技术给新闻出版产业创新业态、实现产业战略转型带来的机遇与挑战。

2010年3月19日,中宣部、中国人民银行、财政部、文化部、广电总局、新闻出版总署、银监会、证监会、保监会等9大部委联合发布《关于金融支持文化产业振兴和发展繁荣的指导意见》(银发〔2010〕94号),这是一个极为重要的经济手段,可以解决包括出版在内文化产业快速发展的"金"力不足问题,是破解文化产业长期投入不足难题的重要途径,可以推动"文化+金融"融合发展,也是引导文化产业面向技术、市场、资本等高速发展,推进产业成为新的经济增长点的重要手段。实际上,金融业的融入先决条件是我国文化企业"转企改制"后的产权明晰与市场体系确立(杨庆国,2017)。[46]

2010年8月16日,新闻出版总署发布《关于加快我国数字出版产业发展的若干意见》(新出政发〔2010〕7号),这是我国第一个数字出版产业发展的专项政策。它的出台是源自数字出版的迅猛发展，以及在2008年上海张江国家数字出版基地历经两年实验并产生显著和巨大的产业聚集效应后提出进一步清晰的基地集群发展战略任务规划。文件提出到"十二五"末，在全国形成10家左右各具特色、年产值超百亿的国家数字出版基地或国家数字出版产业园区的战略目标。

二、诱致性制度引导：承接性政策红利

2008年10月12日，国务院办公厅关于印发《文化体制改革中经营性文化事业单位转制为企业的规定和支持文化企业发展两个规定》的通知（国办发〔2008〕114号），承接了国务院办公厅国办发〔2003〕105号文件。

2009年3月26日，财政部、国家税务总局发布《关于文化体制改革中经营性文化事业单位转制为企业的若干税收优惠政策的通知》（财税〔2009〕34号），承接了财税〔2005〕1号文件。

2009年3月27日，财政部、国家税务总局发布《关于支持文化企业发展若干税收政策问题的通知》（财税〔2009〕31号），承接了财税〔2005〕2号文件。

上述三大文件体系承接性配套文件，体现了国家全面支持文化体制改革及其成效的深入推广，也体现了文化体制改革全面展开过程中，几大管理部门协同在经营性文化事业单位"转企改制"、壮大企业与产业的国有文化资产管理、投融资、财政税收等方面给予关键政策支持。执行期限：2009年1月1日至2013年12月31日。

3.1.4 发展期（2011—至今）：融合推进与集群治理优化

一、强制性制度推进：融合推进与集群治理

2011年3月14日，国家新闻出版总署发布《新闻出版业"十二五"时期发展规划》，提到"要提升新闻出版产业集中度，加快建设新闻出版产业带、产业园区和产业基地"。

2011年3月14日，第十一届全国人民代表大会第四次会议通过《国民经济和社会发展第十二个五年计划纲要》，首次提出推动文化产业成为国民经济支柱性产业，并突出了产业基地和产业群的首要作用。这标志文化产业在国民经济战略中的地位被提高至支柱产业位置，这对文化产业的发展至关重要。

2011年10月18日，党的十七届六中全会通过《中共中央关于深化文化体制改革、推动社会主义文化大发展大繁荣若干重大问题的决定》，再次提到"推动文化产业成为国民经济支柱性产业"和"发展文化产业集群，提高文化产业规模化、集约化、专业化水平"。

2012年2月15日，中共中央办公厅、国务院办公厅颁发了《国家"十二五"时期文化改革发展规划纲要》，该纲要是对《中共中央关于深化文化体制改革、推动社会主义文化大发展大繁荣若干重大问题的决定》的一个承接，再次提到"构建现代文化产业体系"并指出要"推动文化产业跨越式发展"，"使之成为新的经济增长点、经济结构战略性调整的重要支点、转变经济发展方式的重要着力点，为推动科学发展提供重要支撑"。

2012年2月23日,文化部发布《"十二五"时期文化产业倍增计划》,该计划实际是针对《国民经济和社会发展第十二个五年计划纲要》《中共中央关于深化文化体制改革、推动社会主义文化大发展大繁荣若干重大问题的决定》《国家"十二五"时期文化改革发展规划纲要》三个"十二五"时期我国文化产业发展计划的一个落实,提出非常具体的一些倍增数据,也首次明确提出了"产业融合"概念。

2012年7月2日,国家统计局发布《关于印发文化及相关产业分类(2012)的通知》(国统字〔2012〕63号),是对国统字〔2004〕24号文件的一个承接修订。修订主要考虑到,一是国际标准联合国教科文组织《文化统计框架—2009》的发布;二是新的《国民经济行业分类》(GB/T 4754—2011)颁布实施;三是创意、数字内容服务、动漫、游戏等文化新业态的不断涌现。

2012年11月8日,党的十八大报告首次提出建设"文化强国"概念,并进一步明确了"文化和科技融合,发展新型文化业态,提高文化产业规模化、集约化、专业化水平"。

2013年,国务院进行机构改革,将新闻出版总署与广电总局合并为"国家新闻出版广电总局",机构合并实则是为了适应不断推进的广电与出版媒介融合,并为产业融合奠定基础。

2013年8月8日,国务院发布《关于促进信息消费扩大内需的若干意见》(国发〔2013〕32号),数字出版首次被列为为"促进信息消费,扩大内需"发挥消费经济杠杆作用的重要产业。

2014年3月17日，文化部、人民银行、财政部等三大部门联合发布《关于深入推进文化金融合作的意见》（文产发〔2014〕14号），贯彻落实党的十八届三中全会"鼓励金融资本、社会资本、文化资源相结合"的要求，承接九部委《关于金融支持文化产业振兴和发展繁荣的指导意见》（银发〔2010〕94号）文件，进一步缓解金融服务供给与文化发展需求间的矛盾。

2013年11月15日，党的十八届三中全会通过《关于全面深化改革若干重大问题的决定》，进一步明确提出了建设社会主义文化强国，进一步深化文化体制改革，并由此开展文化管理体制、市场体系、服务体系、对外开放等一系列改革。

2014年4月24日，国家新闻出版广电总局、财政部印发《关于推动新闻出版业数字化转型升级的指导意见》（新广出发〔2014〕52号），该文是贯彻党的十八大关于加快文化与科技融合的精神，落实《国家"十二五"时期文化改革发展规划纲要》关于"实施文化数字化建设工程，改造提升传统文化产业，培育发展新兴文化产业"、《"十二五"时期文化产业倍增计划》关于"推进文化科技创新"的要求。指导意见的关键是在于推动新闻出版广电行政部门与财政部门管理协同，发挥财政资金对重点出版企业、重点项目数字化转型升级的杠杆作用。

2014年8月18日，中央全面深化改革领导小组第四次会议通过了《关于推动传统媒体和新兴媒体融合发展的指导意见》，习近平总书记在会议上强调，推动传统媒体和新兴媒体融合发展标志着融合发展将成为传媒产业发展的重大趋势，2014年被称为"媒介融合年"。

2014年10月8日，国家新闻出版广电总局发布《国家新闻出版产业基地（园区）管理办法》，明确了管理办法制定的目的；界定了国家新闻出版产业基地（园区）主要发展方向以及聚集新闻出版企业类型；提出了国家新闻出版产业基地（园区）建设的总体要求等。它的出台标志着我国数字出版基地集群由发展走向治理。

2015年3月31日，国家新闻出版广电总局、财政部发布《关于推动传统出版和新兴出版融合发展的指导意见》（新广发〔2015〕32号），承接了《关于推动传统媒体和新兴媒体融合发展的指导意见》，指导意见中突出了产业带、产业基地（园区）在出版融合发展过程中的中介与孵化功能，并借以形成新经济增长点。

2015年9月14日，中共中央办公厅、国务院办公厅印发了《关于推动国有文化企业把社会效益放在首位、实现社会效益和经济效益相统一的指导意见》（国发〔2015〕72号），文件有效引导和治理国有文化企业及部分"转企改制"企业的管理问题、导向问题，以及在社会效益和经济效益、社会价值和市场价值统一上的问题，确立了"社会效益放在首位、实现社会效益和经济效益相统一"的评价考核机制，规定了社会效益指标考核权重应占50%的评价考核标准。

2016年3月7日，第十二届全国人大四次会议通过《国民经济和社会发展第十三个五年计划纲要》，首次将"数字出版"列入国家五年规划纲要，极大提高了数字出版的战略地位，并提出文化与科技、信息、旅游等产业融合发展。

2016年3月30日，中国资产评估协会发布《文化企业无形资产评估指导意见》（中评协〔2016〕14）号，这是首个在中宣部和财政部的组织和指导下由行业协会制定并发布的关于文化企业无形资产评估的指导意见，也是首个具有较强实操性的指导意见，对于加强文化企业投融资有着重要意义和价值。

2016年7月15日，国家新闻出版广电总局办公厅发布《关于开展国家新闻出版产业基地（园区）抽检工作的通知》，抽检内容涉及基地（园区）发展方向是否符合国家现有行业政策、法律法规以及《国家新闻出版产业基地（园区）管理办法》的要求、基地（园区）发展规划实施情况等9各方面。涉及单位包括数字出版类基地14家、印刷包装类基地6家、音乐类基地4家、动漫游戏4家、出版创意类基地2家、出版装备类1家，共计31家。2017年2月7日，首次"全国新闻出版产业基地（园区）管理工作会"公布了检查获奖单位和基地（园区）：中国北京出版创意产业园区等15家优秀基地（园区），其中包括国家数字出版基地9家。抽检活动体现了国家对数字出版基地集群正在逐步加强监管，是发展与管理并行的治理思路。

2016年11月29日，国务院发布《"十三五"国家战略性新兴产业发展规划》（国发〔2016〕67号），其中数字出版首次被列入国家战略性新兴产业。

2016年11月7日，第十二届全国人民代表大会颁布《中华人民共和国电影产业促进法》和《中华人民共和国网络安全法》；同年12月25日，再次颁布《中华人民共和国公共文化服务法》。文化立法是良好文化制度环境塑造和产业发展的重要保证。从《文化部"十二五"文化产业倍增计划》中提出"完善政策法规体系"到《文化部"十三五"时期文化产业发展规划》中的"推进法治建设"，再到《国家"十三五"时期文化发展改革规划纲要（2017）》提出的"加快文化立法进程，强化文化法治保障"，说明文化产业发展的法治建设正在不断加强。[47]文化产业发展也在越来越从依靠行政管理走向依赖法治管理。

2017年3月27日，国家新闻出版广电总局、财政部发布《关于深化新闻出版业数字化转型升级工作的通知》，承接和全面落实《关于推动新闻出版业数字化转型升级的指导意见》（新广出发〔2014〕52号），其中特别提出了"开展数据共享与应用"与"探索知识服务模式"两项工作任务，体现对大数据和知识服务业务的重视。

2017年5月7日，中共中央办公厅、国务院办公厅颁发了《国家"十三五"时期文化发展改革规划纲要》，提出"文化产业成为国民经济支柱性产业"的目标将在"十三五"期间最终实现，提出国家"十三五"时期8个重大文化产业工程，其中包括出版融合工程、"互联网+"行动、文化产业集聚区建设、文化产业园区规范引导（统筹各类文化产业园区［基地］）建设,提出要严格园区(基地)认定标准,建立退出机制,标明园区(基地)的治理要不断规范,构建竞争和淘汰机制。《规划纲要》提出"以推进供给侧结构性改革为主线,不断解放和发展文化生产力,满足多样化文化消费需求",这是又一次产业结构调整为主线的重大改革,即由长期政策关注的需求侧转向关注供给侧。有学者认为,这是新时期互联网所引发消费革命所形成的新消费需求、消费心理、消费模式的一种产业结构调整和发展回应[48]。从长期的"政府调控侧"转向"市场调控侧",核心是通过创新驱动和需求结构升级拉动产业转型升级[48],关键仍然是"政府—市场""需求—供给""生产—交易—消费"等关系协调,而其中重要影响要素就是价格的变动,包括生产要素价格、交易价格和人力资源价格等。

2017年9月20日,国家新闻出版广电总局发布《新闻出版广播影视"十三五"发展规划》(新广发〔2017〕150号),提出要"优化产业布局,调整产业结构"。围绕"一带一路"建设……加强新闻出版广播影视产业基地(园区)和特色小镇建设,着力打造产业集群。重点推出和打造"产业基地建设"等6大工程,基地工程建设旨在加快建设广播影视产业基地、数字出版基地等6大基地。

2017年10月18日,习近平总书记在党的十九大报告中提出"文化兴国运兴,文化强民族强",并将文化自信和文化的繁荣兴盛上升到实现中华民族伟大复兴的必要条件,再次提出建设社会主义文化强国,并由此提出健全现代文化产业体系、市场体系、经营与管理体制机制改革,强调要完善文化经济政策和培育新型文化业态。

2018年2月6日,国家新闻出版广电总局办公厅发布《国家新闻出版产业基地创建工作规范》(新广出办发〔2018〕10号),规定了包括国家数字出版基地在内的基地创建指导思想、基本原则、职责和条件、工作任务、工作程序、激励机制等,明确提出动态管理等创建机制、考核机制、退出机制。工作规范旨在规制国家新闻出版产业基地创建、管理、激励等,体现了国家新闻产业基地集群由"先发展"转向"后治理"的政府产业发展治理逻辑。

2018年4月6日,国家进行机构改革,成立国家新闻出版署(国家版权局),根据深化党和国家机构改革方案,由中宣部统一管理新闻出版和电影工作。

2019年6月19日,国家新闻出版署颁布新版的《国家出版产业基地(园区)管理办法》(国新出发〔2019〕22号),更加重视基地集群的产品内容建设,以及在文化传媒行业的供给侧结构性改革的推动作用,尤其明确了基地集群的规范管理与激励治理。在管理上,主要重视内容导向管理、产品质量管理、重大项目管理;在诱致性(激励)政策上,主要将基地集群建设发展提级为国家相关产业发展规划的重要任务;出版资源配置、重大出版工程项目、相关项目入库以及投融资服务等给予政策倾斜。可见,政府更加重视基地集群的规范管理与制度激励,期待基地集群在技术创新、内容生产、产业发展、行业引领等方面发挥更大的集聚效应,并成为推动文化产业供给侧改革的重要力量。

二、诱致性制度引导:持续性政策红利

2018年12月25日,国务院办公厅发布《关于印发文化体制改革中经营性文化事业单位转制为企业和进一步支持文化企业发展两个规定的通知》(国办发〔2018〕124号)。该政策是2003年"国办发〔2003〕105号"文件、2008年"国办发〔2008〕114号"文件、2014年"国办发〔2014〕15号"文件的支持延续。

2019年2月13日,财政部、税务总局颁布《关于继续实施支持文化企业发展增值税政策的通知》(财税〔2019〕17号),该政策是2005年"财税〔2005〕2号"文件、2009年"财税〔2009〕31号"文件、2014年"财税〔2014〕85号"文件的政策支持延续。

2019年2月16日,财政部、税务总局、中央宣传部发布《关于继续实施文化体制改革中经营性文化事业单位转制为企业若干税收政策的通知》(财税〔2019〕16号),该政策是2005年"财税〔2005〕1号"文件、2009年"财税〔2009〕34号"、2014年"财税〔2014〕84号"文件的支持延续。

三大持续支持政策文件体系表明了国家对文化体制改革与文化产业发展支持的长效与可持续性。上述三大文件体系的执行期限仍保持每5年一个周期,执行期限是2019年1月1日至2023年12月31日。

3.1.5 演化归结与地方政策实践承接

一、政治保障：全面领导和改革推进

（一）报告类：做好顶层设计

2002年11月8日，党的十六大报告提出"积极发展文化事业和文化产业"，形成了文化事业和文化产业分类管理与发展。

2007年10月15日，党的十七次报告指出，要深化文化体制改革，实现"文化大发展大繁荣"，明确了要大力发展文化产业，实施重大文化产业项目带动战略，加快文化产业基地和区域性特色文化产业群建设。

2012年11月8日，党的十八大报告第六条提出"推进文化强国建设""促进文化和科技融合，发展新型文化业态，提高文化产业规模化、集约化、专业化水平"，再次强化了党的十七届五中全会关于"推动文化产业成为国民经济支柱性产业"的阐述。

2017年10月18日，党的十九大报告提出"坚定文化自信"，再次明确了"推动文化事业和文化产业发展：要深化文化体制改革，完善文化管理体制""健全现代文化产业体系和市场体系，创新生产经营机制，完善文化经济政策，培育新型文化业态"。

从十六大到十九大，我国文化建设顶层设计历经了"积极发展文化事业和文化产业""文化大发展大繁荣""文化强国建设"和"文化自信",体现了包括新闻出版在内的文化行业在国民经济与社会生活中的地位不断上升[49],重要性不断递增。

(二)决定类:增强改革决心

2003年10月14日,十六届三中全会通过《关于完善社会主义市场经济体制若干问题的决定》,提出要"深化文化体制改革",逐步建立"党委领导、政府管理、行业自律、企事业单位依法运营"文化管理体制。

2004年9月19日,十六届四中全会通过《关于加强党的执政能力建设的决定》,提出要"深化文化体制改革,解放和发展文化生产力"。

2006年10月11日,十六届六中全会通过《中共中央关于构建社会主义和谐社会若干重大问题的决定》,提出要"推动文化事业和文化产业共同发展"。

2011年10月18日,十七届六中全会通过《中共中央关于深化文化体制改革、推动社会主义文化大发展大繁荣若干重大问题的决定》,再次提到"推动文化产业成为国民经济支柱性产业"和"发展文化产业集群,提高文化产业规模化、集约化、专业化水平"。

2013年11月15日,十八届三中全会通过《关于全面深化改革若干重大问题的决定》,提出要建设"社会主义文化强国,进一步深化文化体制改革"。

(三)规划类:优化总体布局

国民经济和社会发展的五年规划战略布局,从2000年10

月通过的《关于制定国民经济和社会发展第十个五年计划的建议》，到 2005 年 10 月通过的《关于制定国民经济和社会发展第十一个五年规划的建议》，到 2010 年 10 月通过的《中共中央关于制定国民经济和社会发展第十二个五年规划的建议》，再到 2015 年 10 月通过的《中共中央关于制定国民经济和社会发展第十三个五年规划的建议》；在国民经济和社会发展的五年规划基础上发展形成文化发展规划纲要专门系列五年规划体系，从 2006 年 9 月 13 日，中共中央办公厅、国务院办公厅颁发的《国家"十一五"时期文化发展规划纲要》，到 2012 年 2 月 15 日颁发的《国家"十二五"时期文化改革发展规划纲要》，再到 2017 年 5 月 7 日颁发的《国家"十三五"时期文化发展改革规划纲要》，这都体现了党对国民经济和社会发展、文化发展规划的总体布局，并由此推动了产业政策不断延展和细化，也体现了党对文化体制改革的全面领导和改革决心，体现了政府对文化体制改革执行的前瞻性、系统性与科学性。

二、改革推进：结构与发展方式调整

2001 年 8 月，中央宣传部、国家广电总局、新闻出版总署颁发《关于深化新闻出版广播影视业改革的若干意见》提出要"以结构调整为主线""积极推进集团化建设，把集团做大做强"。2002 年 5 月，新闻出版总署颁布《关于贯彻落实〈关于深化新闻出版广播影视业改革的若干意见〉的实施细则》，再次明确了"深化改革必须以发展为主题，以结构调整为主线""以深化改革促进结构调整和市场整合,促进产业优化升级和规模效益增长"。

2003年7月31日,中共中央办公厅、国务院办公厅转发《中共中央宣传部、文化部、国家广电总局、新闻出版总署关于文化体制改革试点工作的意见》的通知;与同年12月新闻出版总署出台的《新闻出版体制改革试点工作实施方案》,都提出"深化改革同调整结构、促进发展结合起来",以实现"提高集约化经营水平和产业集中度"。

2005年12月23日,中共中央、国务院下发《关于深化文化体制改革的若干意见》,提出要"加快文化领域结构调整""大力提高文化产业规模化、集约化、专业化水平""解决国有文化资产结构失衡,优化产业布局和结构""大力推进文化领域所有制结构调整"。

2009年3月25日,新闻出版总署印发《关于进一步推进新闻出版体制改革的指导意见》,产业结构调整是由传统出版转向数字出版、网络出版、手机出版等现代出版,实现产业升级。

2011年3月14日,国家新闻出版总署发布《新闻出版业"十二五"时期发展规划》,提出"加快新闻出版产品结构、产业结构、企业组织结构、所有制结构、区域布局结构、技术结构的调整"。

2017年9月20日,国家新闻出版广电总局发布《新闻出版广播影视"十三五"发展规划》(新广发〔2017〕150号),提出

"以推进供给侧结构性改革为主线。构建以供给侧结构性改革为主线政策体系，加快推进新闻出版广播影视供给侧结构性改革。从提高供给质量出发，大力优化新闻出版广播影视产业结构、产品结构、消费结构"。

从国家政策文献历程中可以发现，文化体制改革主要就是以结构调整为主线，这种结构调整从开始的产业结构调整逐渐发展到后期的技术、产品、组织、所有制、区域、供给侧等全结构调整；政策还在不断以转变发展方式为主要手段，推进出版行业的集团化、集群化和融合化发展，不断提高"规模化、集约化、专业化"水平。

三、融合形成：技术、金融、媒介与产业四大融合

2003年9月4日，文化部颁布《关于支持和促进文化产业发展的若干意见》，提出要"推进高新技术成果与文化产业的结合，提高文化产品生产和文化服务手段的科技含量"，实际上就已经指出了文化产业的"文化＋科技"的融合发展之路。

2010年3月19日，中宣部、中国人民银行、财政部等9大部委联合发布《关于金融支持文化产业振兴和发展繁荣的指导意见》（银发〔2010〕94号），提出"加大金融业支持文化产业的力度，推动文化产业与金融业的对接，培育文化产业新的经济增长点"，首次提出了"产业＋金融"的融合发展思路，以破解我国文化产业长期投入不足难题。

2012年2月23日，文化部发布《"十二五"时期文化产业倍增计划》，提出要"建立健全产业融合发展的体制机制，优化产业融合发展的政策环境,促进文化与旅游、体育、信息、物流、工业、建筑、会展、商贸、休闲等行业融合,提高国民经济的文化附加值",这也是国家文化产业政策中首次明确提出了"产业融合"概念。

2012年11月8日,党的十八大明确提出"促进文化和科技融合,发展新型文化业态,提高文化产业规模化、集约化、专业化水平"。

2014年3月17日,作为《关于金融支持文化产业振兴和发展繁荣的指导意见》(银发〔2010〕94号)政策的巩固与延续、扩展,文化部、人民银行、财政部三部委发布《关于深入推进文化金融合作的意见》(文产发〔2014〕14号),提出"以文化金融合作推进我国文化产业持续快速健康发展,完善文化产业金融服务"。

2014年8月18日,中央全面深化改革领导小组第四次会议通过了《关于推动传统媒体和新兴媒体融合发展的指导意见》,习近平总书记在会议上强调"推动传统媒体和新兴媒体融合发展,强化互联网思维,坚持传统媒体和新兴媒体优势互补、一体发展",由此拉开了我国媒介大融合的序幕。

2014年10月,国家新闻出版广电总局出台《深化新闻出版体制改革实施方案》,提出"推动传统出版传媒与新兴出版传媒融合发展""强化出版要素市场建设,支持出版产业与体育、旅游、制造等相关产业融合发展",这是新闻出版产业政策中首次使用"产业融合"一词,标明出版的媒介融合最终是要走向产业融合。

2015年3月31日,国家新闻出版广电总局、财政部发布承接性文件《关于推动传统出版和新兴出版融合发展的指导意见》(新广发〔2015〕32号),提出"支持有先发优势的产业带、产业基地(园区)依托资源条件和产业优势,建设出版融合发展聚集区,扶持创业孵化,培育新的经济增长点",首次提出出版基地集群产业融合发展。

2016年3月7日,第十二届全国人大四次会议通过《国民经济和社会发展第十三个五年计划纲要》,再次提出要"推进文化业态创新,大力发展创意文化产业,促进文化与科技、信息、旅游、体育、金融等产业融合发展"。

2017年5月7日,中共中央办公厅、国务院办公厅颁发了《国家"十三五"时期文化发展改革规划纲要》,提出国家"十三五"时期8个重大文化产业工程,其中之一就是出版融合工程:"优化出版资源和要素,推动传统和新兴出版在内容、技术应用、平台终端等方面共享融通。"

2017年9月20日,国家新闻出版广电总局发布《新闻出版广播影视"十三五"发展规划》(新广发〔2017〕150号),任务中提出"深化一体发展,推动媒体融合",推动传统媒体与新兴媒体在内容、渠道、平台、经营、管理等各方面加快深度融合,进而形成一体化的组织机构、传播体系和管理机制;推动设立国家出版融合发展投资引导资金，带动社会资本积极参与出版融合发展；探索以资本为纽带的媒体融合发展路径，支持传统新闻出版广播电视媒体控股或参股互联网企业和科技企业；规划设立"传统出版与新兴出版融合发展项目"及其"新闻出版业关键技术研发与应用工程、国家数字出版创新促进工程、国家知识资源数据库工程、国家出版发行大数据工程、数字出版产业化应用服务示范工程、出版融合发展示范引导工程6大工程"。应该说，这是一个从技术、金融、资本、内容、渠道、平台、终端、介质、产品、产业等多维度、全产业的大融合规划设计。

从上述政策中关于融合理念提出的历程来看，包括出版在内的文化产业是从技术融合开始，逐步延展到金融融合，产业融合，再到媒介融合，而且现在是产业融合融入媒介融合工作中去了，因此，我国的媒介融合是一种把技术、媒介、平台、金融、资本等揉在一起大融合的概念。

四、地方落实：政策诱致转向政策吸附

数字出版产业及其基地作为新兴产业和新建集群，其发展初期是完全依靠政策的牵引、激励，特别是制定一些鼓励与支持发展的政策，协同新建基地集群的建设，从宏观规划、财政支持、税收优惠、场地支持、人力支持、金融支持、核心资源倾斜等全方位给予扶持，从而推动基地集群的快速成长，国家、地方政府关于数字出版产业及其集群化发展的政策如表3-1。

表 3-1 地方政府关于数字出版产业及其集群化发展的政策梳理

地区	相关政策	主要政策内容
上海	《上海数字出版业发展引导目录（2009年版）》《关于本市从事数字出版业务工商登记有关问题的意见》《关于促进上海地区数字出版产业发展的若干意见》《张江国家数字出版基地建设专项资金公共服务平台建设扶持资金管理细则（试行）》《上海市新闻出版专项资金管理办法》《上海市文化创意产业园区管理办法》《关于促进上海文化创意产业发展的实施办法（2018）》《关于加快本市文化创意产业创新发展的若干意见（上海文创50条）》《上海市促进在线新经济发展行动方案（2020—2022年）》等	覆盖了财政扶持、税收优惠、知识产权保护、政府采购、资质认定、投融资和人力资源支持、项目补助、产业发展等相对比较全面的激励；同时，加强了对包括基地集群在内的文化创意产业园区的规范管理与治理，构建了进退出机制，有利于文化创意产业集群（园区）的竞争与可持续发展
杭州	《杭州市数字出版产业"十二五"发展规划》《关于加快杭州市国家数字出版产业基地建设的通知》《杭州市数字出版产业专项资金管理使用办法》等	明确了国家数字出版基地集群发展方向，并主要从资金支持、版权优惠、财税优惠、平台支持、人才工作等方面大力扶持数字出版产业及其基地集群的发展
江苏	《关于加快江苏数字出版产业发展意见的通知》《江苏国家数字出版基地（南京园区）配套服务实施办法（试行）》《江苏国家数字出版基地（南京园区）数字出版企业评审认定办法》《关于加快发展南京数字出版产业的若干意见》《南京市数字出版产业发展引导目录》《江苏省省级现代出版（新闻出版）发展专项资金使用管理办法》等	在财政资金扶持、税收优惠减免、投融资平台支持、知识产权保护和开发、人才扶持和奖励、产业发展等方面作出了激励性规定

续表

地区	相关政策	主要政策内容
安徽	《关于加快安徽数字出版产业发展的意见》《安徽省数字出版产业技术发展指南》《合肥市促进数字出版产业发展若干规定(试行)》《关于进一步推动安徽省国家数字出版基地建设发展的意见(2016)》等	旨在推进产学研深度合作,并重视发展和突破一些产业发展的关键技术,参与数字出版标准制定,培养骨干数字出版企业,发展数字出版产业战略联盟,注重提升产业创新能力
广东	《关于加快推进广东数字出版产业发展的若干意见》《广东省数字出版"十三五"发展规划》等	推进数字出版产业的快速发展,加大对数字出版企业的资金、财税、投融资、人才等支持与激励
湖南	《湖南省数字出版"十二五"发展规划》《湖南省人民政府关于加快文化创意产业发展的意见(2014)》等	将数字出版产业纳入整个文化创意产业发展规划,注重对基地集群基础设施、园区环境优化、公共技术服务、投资融资服务、知识产权保护、人才培养等综合服务体系建设与提供,打造共性技术平台、产业服务平台等平台体系
湖北	《关于促进湖北省数字出版产业发展的意见》《湖北省数字出版产业发展规划》《湖北数字出版产业发展引导目录》《湖北省"十三五"时期新闻出版广电业发展规划》等	设立数字出版专项资金,发布多项税收优惠政策等,推动数字出版产业进入快车道

续表

地区	相关政策	主要政策内容
北京	《丰台区"十二五"时期文化创意产业发展规划》《关于共同推进北京国家数字出版基地建设战略合作框架协议》等	将数字出版产业纳入整个文化创意产业发展规划，发展"一轴、两带、四区、多中心"的文化创意产业空间布局，强化文化创意产业，推动数字出版"航母"的起航
重庆	《重庆北部新区国家数字出版基地公共服务云平台（云梯网）共建框架协议》《关于加快重庆数字出版产业发展的指导意见》《关于深化改革扩大开放加快实施数字出版创新驱动发展战略的意见》（2016）；两江新区于2016年12月出台了《加快人才集聚推进创新创业的意见》《促进创新创业的若干政策》	以推动重庆市数字出版快速发展为抓手，带动重庆市新闻出版产业整体的优化升级；注重对基地在企业入驻扶持、科技创新激励、知识产权保护、标准建设资助、投融资服务、人才聚集及创业扶持等多方面进行激励，并会增享西省西部大开发政策、城乡统筹试点政策等政策红利
福建	《关于加快发展福建省新闻出版产业的意见》《福建省新闻出版广播影视"十三五"发展规划》《福建省"十三五"数字福建专项规划》《福建省人民政府办公厅关于印发2020年数字福建工作要点的通知》	积极发展数字出版等以数字化内容、数字化生产和数字化传输为主要特征的新兴新闻出版业态，并将国家数字出版基地建设纳入福建省"数字福建"战略规划，不断壮大数字内容产业集群，支持发展数字教育等数字内容产业集群，推进一批数字产业载体建设；实施数字经济园区提升行动

续表

地区	相关政策	主要政策内容
江西	《关于加快推进江西省数字出版产业发展的实施意见》《江西省新闻出版广播影视业发展第十三个五年规划纲要》《关于印发江西省数字经济发展三年行动计划（2020—2022年）的通知》；南昌高新区出台了《关于加快推进高新区数字出版产业发展的优惠政策（暂行）》《南昌高新区关于扶持新一代信息技术产业发展的若干政策（暂行）》《南昌高新区关于促进投融资服务体系建设若干扶持政策》《南昌高新区人驻创业梦想街区扶持政策》等系列扶持与激励政策	注重新兴产业融合发展，实施"三级协同立体锥形"基地集群治理①，地方刚主要从产业发展优惠政策、投融资服务、人驻企业扶持等进行激励；同时，江西国家数字出版基地被纳入"江西省数字经济发展三年行动计划（2020—2022年）"建设规划中
陕西	《建立西安国家级数字出版基地实施方案》《西安高新区关于促进数字出版产业发展的扶持政策》《关于进一步加快陕西文化产业发展的若干政策措施》《西安高新区关于促进西安文化产业发展的若干政策（试行）》《关于补短板加快西安文化产业发展的若干政策》《西安国家自主创新示范区关于支持总部企业发展的若干政策》等	比较重视"文创+科技+互联网"的产业融合发展，注重对人驻基地企业、基地基础设置与环境建设、项目扶持、人才引进及培训等进行激励，并将基地集群发展战略规划中人西安市文化创意产业发展规划
天津	《关于进一步推进天津市新闻出版体制改革的指导意见》《开展2014年全市传统出版单位数字化转型示范工作的通知》	重视推进新闻出版产业升级和结构调整，重点发展数字出版、手机出版等新业态，推进新闻出版单位的技术升级与改造

续表

地区	相关政策	主要政策内容
青岛	《关于加快山东省数字出版产业发展的若干意见（2012）》《青岛国家级数字出版基地规划》《关于实施三大跨越工程促进文化事业和文化创意产业繁荣发展的意见（2013）》《青岛市促进文化创意产业发展若干政策（2013）》《青岛市文艺精品项目扶持奖励管理办法（2013）》《青岛市文化人才培养和引进计划（2013）》《关于在新旧动能转换中推动青岛文化创意产业跨越式发展的若干意见（2018）》《数字青岛 2020 年行动方案》	省级部门专门颁发了推动数字出版产业及其集群发展的政策；基地所在地青岛市政府将基地集群建设纳入了文化创意产业、"数字青岛（数字经济）"发展战略规划中，并从基础设置、园区服务、人才支持、项目奖励等多个维度对基地发展进行扶持和激励

资料来源：各数字出版基地网站和政府政务公开网站。

① 省级层面突出政策落实、项目监督以及产业统计，市级层面突出落实优惠政策、助抓项目管理和产业开发落实，园区层面突出落实场地、落实项目、落实优惠政策。资料来源：赵新乐. 江西国家数字出版基地：企业"抱团儿"迈向高精尖 [EB/OL]. http://media.people.com.cn/n1/2017/0830/c40606-29504548.html, 2017-08-30.

由表 3-1 政策梳理研究发现：

首先，国家层面的元制度[①]驱动作用非常显著。比如国民经济和社会发展的五年规划、文化发展规划纲要专门系列五年规划体系、国家新闻出版总署《关于加快我国数字出版产业发展的若干意见》、国务院《关于推动传统媒体和新兴媒体融合发展的指导意见》等成了生成地方政府相关制度的元制度。

其次，在制度的类型中[②]，上述制度或政策主要涵盖了三类：（1）规制类主要集中在规定、管理办法两大类，但是法律规制类基本缺失；（2）规范类的制度主要体现在意见、引导等；（3）规划类，主要是政府的五年规划，以及园区建设实施方案等。

第三，在政策目标主要集中在高新技术嵌入、出版新业态、产业链打通、版权保护与交易、面向数字出版的转型升级、数

[①] 无论哪种制度都会有最初的和最基本的制度起点，这就是"元制度"。在三个典型经济学研究流派中，宪政经济学认为"元制度"是生成制度的制度；比较制度分析理论认为"元制度"是基本制度的一般形态；制度经济学则认为"元制度"是针对政府行政行为的程序性规则或元规则。资料来源：杨庆国.出版传媒投融资效率研究：基于体制变迁的评价与验证[M].北京：中国传媒大学出版社，2017（11）.

[②] Scott（2008）在前人对制度正式与非正式、强制与非强制等二元对立划分的基础上，引入了文化与人对制度的认同要素，即"文化—认知要素"，并和规制性要素、规范性要素共同构成制度的三个要素，后也多成为研究者对制度划分的标准。资料来源：杨庆国.出版传媒投融资效率研究：基于体制变迁的评价与验证[M].北京：中国传媒大学出版社，2017（11）.

字出版标准、"出版+科技""出版+金融""出版+资本"等产业融合、集群"三化",其中"三化"是指:(1)规模化:产业结构问题;(2)集约化:产业发展方式问题;(3)专业化:产业创新问题。

最后,政策设计与制度安排主要集中在宏观战略规划、财政支持、税收优惠、场地支持、人力支持、金融支持、关键资源倾斜等,数字出版产业集群入驻企业发展所需的核心战略资源。税收优惠、场地支持、人力支持、金融支持、核心资源倾斜等数字出版及其集群入驻企业发展所需的核心战略资源。这些优惠政策也逐步由诱致转向黏住入驻企业,从而不断优化集群集聚的技术结构、企业结构、产业结构、组织结构。

3.2 布局结构优化:聚合转向融合

3.2.1 外部空间结构:资源禀赋与要素辐射

在国内外的集群发展史上,地理空间上的物理聚合总是最早发生的一种形态,直到今天它仍是很多集群扩展的原点。随着集群的扩大,现代集群早已突破地理集中的限制,所谓的"一园(集群)多区"和"一园(集群)多地"等更层出不穷。

截至 2018 年,我国 14 家国家数字出版基地集群已经完成其空间布局,按照获批建设时间顺序依次排序如表 3-2 所示:

表 3-2　14 家国家数字出版基地获批建设时间及其排序

基地名称	获批时间	排序
上海张江国家数字出版基地	2008 年 7 月	1
重庆北部新区国家数字出版基地（现改名为重庆市两江新区国家数字出版基地，后使用现名）	2009 年 8 月	2
杭州国家数字出版基地	2010 年 4 月	3
湖南中南国家数字出版基地	2010 年 7 月	4
湖北华中国家数字出版基地	2010 年 8 月	5
天津国家数字出版基地	2010 年 12 月	6
广东国家数字出版基地	2011 年 2 月	7
西安国家数字出版基地	2011 年 5 月	8
江苏国家数字出版基地	2011 年 6 月	9
安徽国家数字出版基地	2013 年 1 月	10
福建海峡国家数字出版基地	2013 年 4 月	11
北京国家数字出版基地	2013 年 4 月	12
青岛国家数字出版基地	2013 年 12 月	13
江西国家数字出版基地	2015 年 4 月	14

经过 10 年的建设与发展，14 家国家数字出版基地在国家地理空间布局上逐步发展为 6 大片区的新兴产业集群。据基地分布观察，研究得出 14 家国家数字出版基地国家区域空间具体分布如表 3-3。

表3-3　14家国家数字出版基地国家区域空间具体分布

空间集聚	基地布局数量	基地名称
华东地区	3	上海张江国家数字出版基地
		杭州国家数字出版基地
		江苏国家数字出版基地
华南地区	2	广东国家数字出版基地
		海峡国家数字出版基地
华中地区	4	湖南中南国家数字出版基地
		安徽国家数字出版基地
		湖北华中国家数字出版基地
		江西国家数字出版基地
华北地区	3	天津国家数字出版基地
		北京国家数字出版基地
		青岛国家数字出版基地
西南地区	1	重庆市两江新区国家数字出版基地
西北地区	1	陕西西安国家数字出版基地

表 3-3 可见，14 家国家数字出版基地形成了华东、华南、华中、华北、西南、西北等国家区域六大集中片区，基本形成以东部沿海及华中区域为引领和关键，长三角流域为核心，华南、华北、西北、西南为辐射的综合布局（王坤宁、李婧璇，2016）[50]，具体分布依次是华中 4 家、华东 3 家、华北 3 家、华南 2 家、西南 1 家、西北 1 家，布局结构比较合理，实现了 2011 年 3 月国家新闻出版总署《新闻出版业"十二五"时期发展规划》，在长三角、珠三角、环渤海等区域，进行数字出版、版权创意等新闻出版产业集群、产业带建设的宏观规划。①

3.2.2　内部产业结构：产品闭环与融合延伸

《2010—2019 年度中国数字出版产业年度报告》对近 10 年来数字出版产业分类发展进行了数据汇总，具体如表 3-4 所示：

---

① 《新闻出版业"十二五"时期发展规划》中提出，加快建设新闻出版产业带、产业园区和产业基地，继续推动长三角、珠三角、环渤海等新闻出版产业集群、产业带建设，重点发展数字出版、版权创意、印刷复制产业等产业园区和基地的宏观规划设计。

表 3-4 2010—2019 年我国数字出版产业分类收入情况（单位：亿元）

分类 时间	移动出版	网络游戏	网络动漫	互联网期刊	电子图书	在线音乐	数字报纸	博客类应用	互联网广告	在线教育
2010	349.8	323.7	6	7.49	24.8	2.8	6	10	321.2	
2011	367.34	428.5	3.5	9.34	16.5	3.8	12	24	512.9	
2012	486.5	569.6	10.83	10.83	31	18.2	15.9	10	753.1	
2013	579.6	718.4	22	12.15	38	43.6	11.6	15	1100	
2014	784.9	869.4	38	14.3	45	52.4	10.5	33.2	1540	
2015	1055.9	888.8	44.2	15.85	49	55	9.6	11.8	2093.7	180
2016	1399.5	827.5	155	17.5	52	61	9	45.3	2902.7	251
2017	1796.3	884.9	178.9	20.1	54	85	8.6	77.13	2957	1010
2018	2007.4	791.1	180.8	21.38	56	103.5	8.3	115.3	3717	1330
2019	2314.82	713.83	171	23.08	58	124	8	117.7	4341	2010
均值	1114.2	701.6	81.0	15.2	42.4	54.9	10.0	28.3	2023.9	956.2

汇总数据来源：中国新闻出版研究院公布的《2010—2019 年度中国数字出版产业年度报告》。

注：2012 年度（不含）以前部分统计产业名称及其范围有所变化，如 2012 年统计的移动出版主要包括移动阅读、移动音乐等，在 2011 年及以前统计对于手机出版，主要包括手机彩铃、铃音、手机游戏（其他变化详见各个年度报告）。移动游戏等。

依据表 3-4 统计，研究绘制 2010—2019 年我国数字出版产业分类收入年度均值分布情况，如图 3-1 所示：

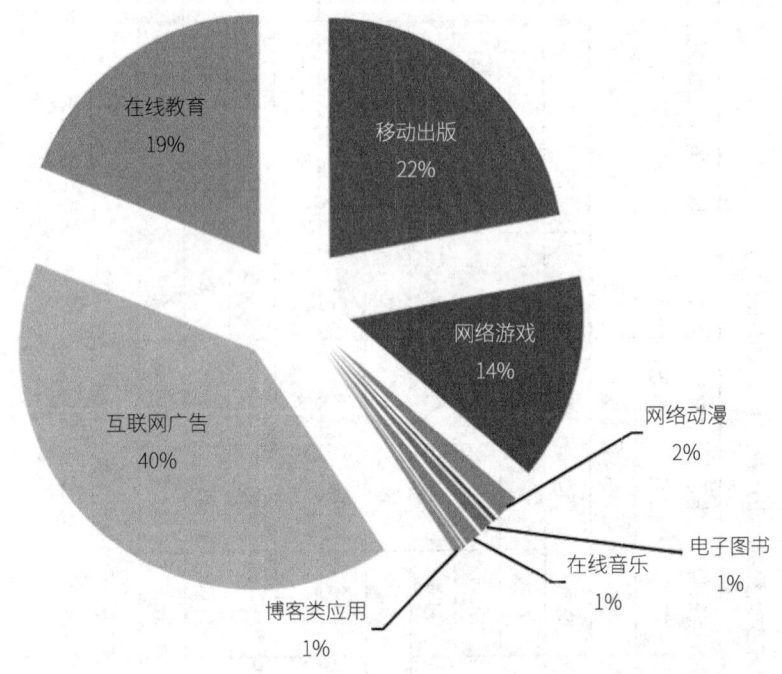

图 3-1 2010—2019 年我国数字出版产业分类收入年度均值分布情况

依据图 3-1，2010—2019 年我国数字出版产业分类收入年度均值分布情况显示，数字出版前四大产业分别是互联网广告（40%）、移动出版（22%）、在线教育（19%）与网络游戏（14%），这四大板块的合计产业占比约为 95%。

这虽然是数字出版全行业的分类统计情况，但是也能指明数字出版基地集群业务的朝向"风口"。

在数字技术和计算机网络技术不断发展的今天，我国国家数字出版产业基地在数字技术、大数据、云计算、区块链等高新技术的推动下,入驻企业经营的项目在不断地拓展,主要涉及网络出版、手机出版、数字阅读、网络游戏与动漫、数字印刷等数字出版核心产业,并延伸至技术研发、金融、广告、电子商务、影视、数字教育、衍生品开发等多个相关产业,对传统出版业产生了重大的影响,同时也给出版行业带来了广阔的发展空间。比如入驻上海张江国家数字出版基地的"上海河马动画设计股份有限公司",入驻基地后至今已发展成为国内3D动画全制作链的行业龙头企业,公司产业集数字内容创作、数字环境营运、虚拟仿真、互动体验设备研发、影视制作与发行、衍生产品开发和渠道等融合建设为一体,并沿着基于原创动漫影视IP全产业链路径发展,逐步形成了"项目孵化—数字内容制作—影视宣传发行—终端运营—互动体验"原创动漫影视的全产品融合闭环(杨珍莹,2016)[51]。

各数字出版基地通过多媒体数字技术、数字内容加工转换技术、大数据、云计算、区块链等技术融合,实现了网络游戏、网络动漫、数字阅读、手机出版、衍生品开发等不同领域的业务融合,实现了产业结构的升级,并推动了集群创新,进而推动了以技术开发、内容集成、渠道提供、平台运营、终端生产为发展主体,以数字阅读、教育、艺术、娱乐和技术为主要产业的市场(资本)融合,经由技术、业务和市场三种融合方式的共同推进,逐渐推进基地集群内的组织融合。但所有融合的导向是优质服务提供,也就是互联思维中非常重要的用户思维与产品思维。一方面,企业只有真正地了解了用户的需求并提供"点—点"而不是"点—面"的服务,才能吸引并黏住用户,从而为数字出版业带来利润；另一方面，由于是基于产品融合基础上的产业融合，要依据用户需求和服务创新，紧跟技术和市场的迭代特质，不断创出"锥形"产品，不断进行产品的垂直开发，进而拉动和延长产业链，以实现集群内的相关产业的融合，而这种融合又进一步拉动了产业的技术提升、市场扩大、业务拓展和产品升级，推进了基地集群的转型与升级。

3.3 规模效益呈现：弱小转向强大

3.3.1 数字出版成为全国新闻出版产业的发展关键

正如前述，自 2005 年 10 月党的第十六届五中全会《关于制定国民经济和社会发展第十一个五年规划的建议》首次提出"数字出版"一词以来，作为与传统出版相区别的现代新型出版的代表或同义词，数字出版的发展势头就非常迅猛。自 2010 年开始，年度增幅均在 30% 以上，2012 年甚至高达 40.47%，具体如图 3-2 所示：

图 3-2 2009—2019 年全国数字出版产业营业收入（单位：亿元，%）

如图 3-2 所示，数字出版年度营收在全国新闻出版产业营收的占比也在逐年上升，2012 年占比首次 10% 以上，短短三年之后的 2015 年占比就已突破 20%。最新数据显示，2019 年数字出版产业营收达到 9881.43 亿元，较 2018 年增长了 18.61%，占全行业营业收入的 34.34%，对全行业营业收入增长贡献率达到了 88.14%，超过了 7/8，增长速度和增长贡献在新闻出版 8 大产业类别中继续位居第一[52]，具体如下图 3-3 所示：

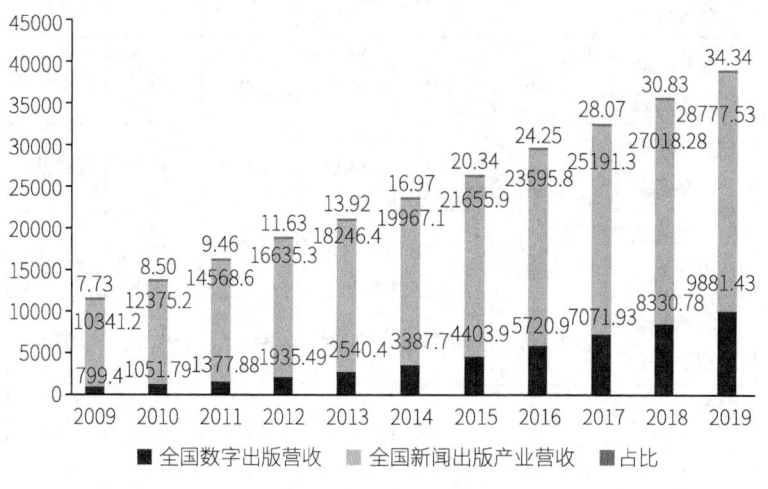

图 3-3 2009—2019 年数字出版在全行业营收中占比（单位：亿元，%）

由图 3-3 所示，2009—2019 年，数字出版产业在新闻出版业整个行业平均占比达到 18.73%，而在 2015 年首次占比突破 20% 以后，2015—2019 年五年中占比均值更是达到 27.57%。因此，研究可以得出这样的结论，数字出版产业已经发展成为拉动整个新闻出版产业增长的一股不可或缺的力量，并且已经是决定新闻出版业发展的关键所在。

3.3.2 基地集群成为数字出版产业的发展关键

依据中国新闻出版研究发布的"2011—2016年新闻出版产业分析报告",14家国家数字出版基地集群营收情况如表3-5所示:

表3-5 2011—2016年出版基地及全国数字出版营业收入(单位:亿元;%)

基地名称\年份	2011	2012	2013	2014	2015	2016
上海张江国家数字出版基地	150	200	250	280	332.1	408
广东国家数字出版基地	-	130	140.4	168.25	190.01	233.85
江苏国家数字出版基地	93.8	128.24	176.41	227.1	267.18	255.67
杭州国家数字出版基地	80.49	68.76	75.24	84.25	91.68	101.58
湖南中南国家数字出版基地	56.91	56.22	55.97	58.77	62.32	67.31
西安国家数字出版基地	23.11	30.17	47.78	65.22	93.38	113.26
重庆市两江新区国家数字出版基地	8.28	7.23	38.81	50.45	63.92	62.61
天津国家数字出版基地	6.94	3.42	35.21	33.08	73.61	81.78
湖北华中国家数字出版基地	-	0.68	0.88	0.97	1.82	21.53

续表

年份 基地名称	2011	2012	2013	2014	2015	2016
安徽国家数字出版基地	-	-	81.73	95.85	168.04	193.15
福建海峡国家数字出版基地	-	-	-	28.38	32.78	33.4
青岛国家数字出版基地	-	-	-	26.41	28.82	78.08
江西国家数字出版基地	-	-	-	-	47.01	55.47
北京国家数字出版基地	-	-	-	-	0.16	0.23
出版基地营业总收入	419.58	624.7	902.4	1118.7	1452.8	1705.92
全国数字出版营业收入	1377.88	1935.49	2540.4	3387.7	4403.9	5720.9
基地集群营收占全国数字出版业比重	30.45	32.28	35.52	33.02	32.99	29.82

数据来源：国家新闻出版（总）署/中国新闻出版研究院"2011—2016年新闻出版产业分析报告"。（注：截至目前新闻出版署"新闻出版产业分析报告"公布的2011—2016、2019年国家数字出版基地营收情况中，只公布了2011—2016年个体基地的数据。）

如表3-5所示，2016年14家国家数字出版基地总营业收入较 2015 年增长 17.4%，共有 6 家国家数字出版基地营业收入均超过了百亿元，而营业收入最高的上海张江国家数字出版基地的营业收入总额已突破 400 亿元。2016 年，30 家国家新闻出版产业基地（园区）共实现营业收入 2306.2 亿元，其中 14 家国家数字出版基地总营业收入 1705.92 亿元，占到了 73.97%，接近 3/4。另据《2019 年新闻出版产业分析报告》公布的数据显示，2019 年 11 家国家数字出版基地总营业收入 1900.1 亿元，共有 5 家国家数字出版基地营业收入均超过了 100 亿元，占整个数字出版产业营收的 19.23%，具体如图 3-4 所示：

基地集群营收占全国数字出版业比重

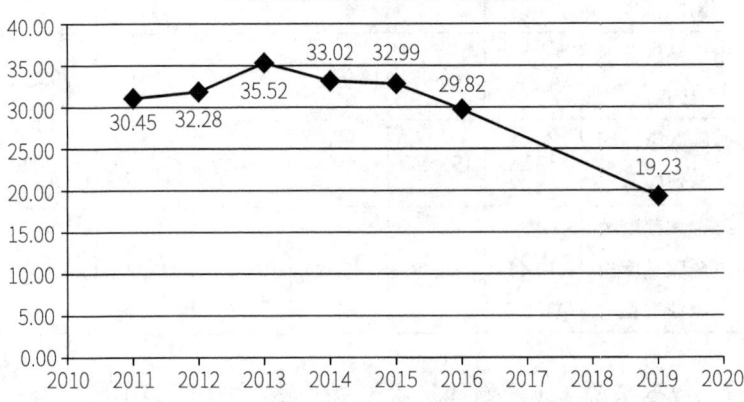

图 3-4　2011—2016，2019 年基地集群营收在全国数字出版业营业占比（%）

由图 3-4 所示，2011—2016，2019 年国家数字出版基地营收占数字出版产业基地的比例分别是 30%、32%、36%、33%、33%、30%、19.23%。自 2011 年开始，国家数字出版基地总营业收入占数字出版产业的营收均在 30% 以上；2011—2016，

2019年七年中，二者的占比均值为30.47%。因此，研究认为，国家数字出版基地集群建设成为数字出版产业发展的关键。

3.4 本章小结

该部分着重分析我国数字出版基地集群产业融合发展现状，以此从宏观上把握国家与地方的政策脉络，基地集群外部空间及内部产业的布局结构形成路径以及规模效益发展趋势。

首先，研究以我国14家数字出版基地集群产业融合发展演进为切入点，分析了其国家政策演化、布局结构与规模效益现状。首先以生命周期视角，研究分析了"由离散转向集中"的国家对数字出版产业政策演化路径：（1）准备期（1978—2002）：意识突破与产业概念提出；（2）试点期（2003—2005）：集团化建设与集约化经营；（3）推广期（2006—2010）：产业升级与结构同质化解决；（4）发展期（2011—至今）：融合推进与集群治理优化。并在此基础上分析了地方数字出版产业政策的承接，分析国家与地方产业政策链的逻辑关系，以及在不同周期内的差异。

其次，研究分析了国家数字出版基地集群布局结构优化路径：聚合转向融合。重点分析了14家国家数字出版基地外部空间结构：形成了华东、华南、华中、华北、西南、西北等国家区域六大集中片区；在地理空间布局完成的基础上，重点分析基地集群的内部产业结构演化，即国家数字出版产业基地在数字技术、大数据、云计算、区块链等高新技术的推动下,入驻企业经营的项目在不断地拓展,主要涉及网络出版、手机出版、数字阅读、网络游戏与动漫、数字印刷等数字出版核心产业,并延伸至技术研发、金融、广告、电子商务、影视、数字教育、衍生品开发等多个相关产业,打造产品闭环,实现产业延伸融合发展。

第三,研究分析国家数字出版基地集群规模效益变化,发现集群的规模效益已经显现,正由弱小转向强大,引领和带动区域文化创意经济的发展,并借助数据论证了数字出版成为全国新闻出版产业发展的关键,基地集群成为数字出版产业发展的关键。由此,研究旨在指出,数字出版产业融合是基地集群乃至整个新闻出版行业发展壮大的成长关键。

第四章 机理形成：集群内数字出版产业融合动力结构、路径及运行机制

在现状分析的基础上，研究需要阐述清楚的是，基地集群数字出版产业为什么要开展产业融合，从哪些方面着手开展产业融合，最后怎么样运行产业融合，即详细剖析基地集群数字出版产业融合形成机理，主要涉及基地集群内数字出版产业融合动力结构、路径及运行机制。

4.1 基地集群数字出版产业融合动力结构

在基地集群数字出版行业中，产业融合的动力构成主要包括高新技术推动、企业业务拓展、市场的竞合拉动以及政府的政策助推，其中高新技术的驱动和企业业务的拓展提高了企业的竞争力，企业的业务拓展和政府的政策助推则降低了产业壁垒，政府的政策助推和市场的竞合拉动为产业提供了可持续发展，最后市场的竞合拉动和高新技术的推动使得产业边界更加模糊，正是通过高新技术推动、企业业务拓展、市场的拉动以及政府的政策牵引这四种因素之间的相互影响才导致了基地集群内数字出版的产业融合，将上述的内容用图形可简单概括为下图，如图 4-1 所示：

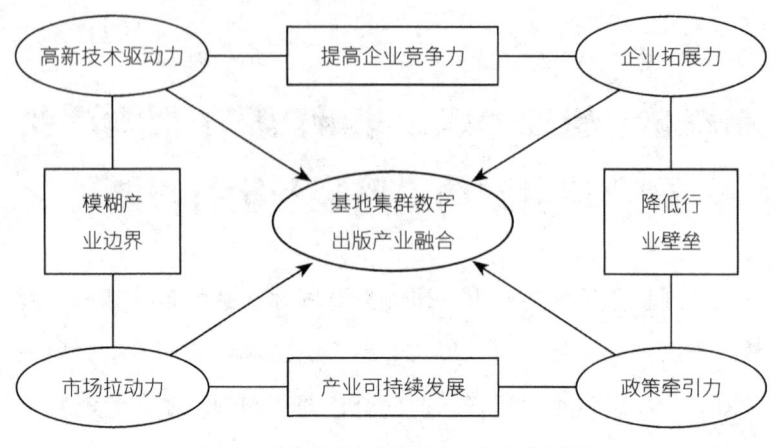

图 4-1 基地集群数字出版产业融合动力结构

4.1.1 高新技术驱动力

技术创新是产业融合的内在要求和根本动力。在基地集群数字出版产业内，如数字版权保护技术、数字版式技术、数字水印技术、字库技术、数字内容加工转换技术、云计算等数字技术具有强大渗透力和快速增长性，使得以它为基础的产业融合范围更广，涉及层面更深，运行效率更高。实践中，基地集群数字出版产业链中的各个环节配合度要求逐步提高，技术的交叉使得产业之间联系更为紧密，一个产业的新技术会很快延伸或扩散到相关产业，由此倒逼了产业融合的发生。比如，数字出版企业与教育、游戏、音乐、影视、手机运营等集群内相关产业，通过高新技术的转化，融合生成了数字教育、数字音乐、网络游戏、网络动漫、手机出版等新兴产业。

4.1.2 企业内生拓展力

高新技术驱动的技术融合促使集群内数字出版产业链不断延伸，拓展了入驻数字出版企业的业务范围，使得企业围绕技术、内容、渠道、平台、终端与版权开发等实现全方位的延展。相对于最开始的数字出版产业经营业务的单一性，近几年，我国国家数字出版产业基地在数字技术、云计算、IT技术等新兴技术的推动下，主营业务在不断地拓展，由最开始的将主要业务放在影视产业、新闻产业上，逐渐发展到为了满足受众的需求，开始经营多种多样的业务，比如说，动漫游戏、手机出版、电子杂志、网络报刊、互联网出版、文化创意、数字博物馆、数字影像等产业，并延伸至数字技术研发、数字教育、衍生品生产等多个相关产业。正是由于每个数字出版基地经营的业务不断增多，这些业务之间的联系也不断加深，久而久之形成了集群内相关产业的融合；相应地，这种融合进一步地拉动了入驻企业的内在技术提升和对外的业务拓展。

企业间竞争合作关系的加强，不仅能有效提升企业的竞争力，同时也能够减少甚至消除产业间的进入壁垒，是产业融合的内生性动力。实践中，集群内数字出版企业要保持自己的核心竞争力，就必须在激烈的市场竞争中寻求与其他企业的合作，并在合作中逐步实现技术、业务、市场、组织的融合。其竞争与合作主要体现在：

一是，两种类型的集群内数字出版企业竞争，即同质企业之间的竞争和异质企业之间的竞争。一方面，同质企业之间的竞争是一种相当普遍的竞争类型。同质企业生产的产品相同或者相似，产品销售的市场趋同，集群内同质化企业的竞争加剧。同质化产品决定了大多数入驻数字出版企业间存在长期的竞争。另一方面是异质企业之间的竞争。集群内异质企业提供不同的产品或相关产品及服务，形成"龙头企业 + 相关企业"模式的产业集群。

二是，集群内数字出版企业在竞争基础上的合作方式主要有四种：（1）基于技术研发、内容提供、产品生产、渠道销售等产业链分工合作；（2）基于区域内自然资源、人力资源、公共资源、市场资源等有限资源使用与共享的合作；（3）基于信息、知识、学习交流等基地集群互动层面上的合作；（4）基于扩大市场的市场互赢与共生层面上的合作。

4.1.3 市场外部拉动力

随着互联网、手机等新兴媒介的发展，人们对精神生活的追求越来越高，知识和娱乐的需求也日益增长，娱乐产业、教育产业等成为新的出版市场切入点，促使其与传统出版市场融合，实现产业集群的优化升级。此外，数字出版产业集聚便利了其资源和信息的共享和交流，拓宽或变更了数字出版市场范围，通过产业内部关联和外部的拓展，实现了基地集群数字出版产业链的延伸、裂变及融合，促使以技术、内容、渠道、平台、终端为主体的市场（资本）融合，拉动产业融合向更广的范围发展，实现产业的规模经济和集群效应。

虽然我国数字出版的发展时间不长，但是其发展速度却很快。随着互联网、智能手机等新兴媒介的发展，人们对精神生活的追求越来越高，对知识和娱乐的需求也日益增长，数字教育产业、数字娱乐产业等成为新的出版市场切入点，促使其与传统出版市场融合，实现产业集群的优化升级。此外，某一地区的企业集聚便利了市场资源和信息的共享，拓宽或变更了市场范围，通过产业内部关联，带来产业链的延伸及裂变，引发以技术、内容、渠道、平台、终端为主体的市场细分，拉动产业融合向更广的范围发展。

4.1.4 政府治理牵引力

近几年，随着《关于加快我国数字出版产业发展的若干意见》《新闻出版业"十三五"时期发展规划》《国家新闻出版产业基地（园区）管理办法》及14家基地所在地方政府颁布实施的《关于促进数字出版产业发展的若干意见》《数字出版产业发展引导目录》等政策，在财税优惠、金融支持、知识产权保护、人才队伍建设、园区建设等方面明确了激励与治理办法、措施。

上述政策也极大地牵引了基地集群迅猛发展。2016年，14家国家数字出版基地（园区）共实现营业收入1705.9亿元，较2015年增长了36.6%。其中营业收入超过400亿元的1家（上海张江国家数字出版基地），100亿—300亿元之间的5家（江苏、广东、安徽、西安和杭州国家数字出版基地）；50亿—100亿元之间也是5家（天津、青岛、中南、重庆和江西国家数字出版基地）①。基地入驻企业的技术开发、市场拓展、业务丰富等不断交叉、主导、融合，并在竞合优化和协调发展的基础上实现了基地集群升级。

4.2 基地集群数字出版产业融合路径演化

数字出版基地集群产业融合演进是一个不断提高和逐步完善的动态过程，其由"技术创新扩散循环基础→企业业务与市场（资本）融合的市场结构→集群自组织的组织系统"技术路线构成，是一个从物质技术基础驱动到市场结构成长优化再到集群组织体系完善的层递发展过程。

4.2.1 技术扩散融合：基础性创新循环融合

技术创新是信息产业发展的基础，技术融合是产业融合的重要前提和最初引发要素，也是基地集群产业融合基础和最根本的内在驱动，并在技术创新扩散循环中实现了基地集群产业融合（图4-2）。

---

① 数据来源：国家新闻出版广电总局.2016年新闻出版产业分析报告[R].2017（8）.

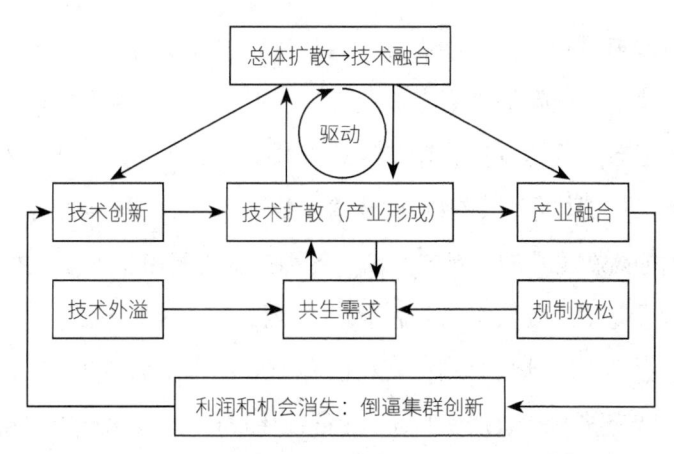

| 第四章 机理形成：集群内数字出版产业融合动力结构、路径及运行机制 | ◇ 101

图 4-2 技术创新扩散循环与基地集群产业融合互动机理

制图参考：陈柳钦.技术创新和技术融合驱动产业融合[J].中共福建省委党校学报，2007（6）：40—43.

技术创新扩散路径主要为企业内部技术扩散、企业间技术扩散和总体扩散（企业之间的扩散和企业内部扩散的叠加）。技术创新扩散会诱导出大量相关创新，并进一步形成扩散，促进产业的形成，而产业的形成又会为创新者带来利益，促使新一轮创新的进行，由此形成"创新—扩散—创新"的经济周期[53]。正是由于外在企业间扩散和内在企业内扩散叠加所形成的总体扩散导致了数字出版基地集群产业的技术融合，模糊了产业边界，消除了集群内相关产业之间的技术差异，进而使不同产业拥有共同的技术基础，并引发新一轮的技术扩散循环，由此使得原有技术扩散循环延伸成为"（技术）创新—扩散—产业融合—创新"产业融合技术扩散闭合循环。因此，对于入驻企业来说，一方面，技术融合导致原有产业的技术能力整体提升，产品形态得到丰富，产业发展的形式和内容得到扩展；另一方面，技术的交融加速了企业变革，使得企业内外由原本的单一竞争走向竞争与合作。在基地集群数字出版产业内，伴随着数字版权保护技术、数字版式技术、数字内容加工转换技术、云计算等高新技术的创新与发展，各种技术之间相互融合、主导，从而推动了入驻数字出版企业产品及服务的不断升级。以天津国家数字出版基地为例，其在已有的多媒体技术基础上，通过数字转化技术、数据库技术、信息压缩与传送技术、内容检索技术等融合，大力发展数字图书馆，以云计算为平台，建设了以云技术为核心动力的特色基地。

4.2.2 入驻企业运营融合：结构性成长融合

入驻企业运营主要包括企业的业务拓展和市场（资本）经营两大块，这两个维度上的融合路径主要是：

一是业务拓展交叉融合。业务融合是市场（资本）融合的前提条件。当众多企业在一定的区域集群内进行大规模生产、开发活动时，不可避免地会产生各种各样的联系，这些联系包括生产开发过程中的资源与信息共享、产业链基础上的业务分工与合作、外部交易合作等。在技术创新基础上，集群入驻企业之间的各类业务不断交叉，取长补短共同拓展新业务，有效地促进了集群产业的转型和升级。从传统的广播、电视、报纸、杂志等产业来看，它们多在新闻信息传播的业务上存在交叠，但经营及产业转化等方面却联系较少。但在新媒体时代，手机出版、手机阅读、手机游戏等借助手机终端等实现了各种业务的一体化，并将原本不同介质的产业间隔打破，用数字技术、网络技术和通信技术等把不同的产品及业务有效融合，减少甚至消除了产品在生产、分配、交换、流通过程中的壁垒，为业务融合提供了强大的动力。

二是市场共生融合。市场共生融合技术或业务融合都是以市场（资本）融合为导向。由于市场竞争的激烈和用户对数字产品功能需求的多样化，单个企业已无法完成相关技术开发，这就需要基地集群相关多家数字出版企业通过竞争与合作，实现在市场中的共生与互利。产业融合将作为基础的信息、技术、资源等通过业务和市场的关联与延伸，实现了市场结构及其产品服务的优化升级。目前，用户对数字阅读、数字教育、数字娱乐等多样化的市场需求，及对技术、媒介和平台深度融合的期待，促使集群内技术开发商、内容集成商、渠道提供商、平台运营商、终端生产商、版权增值服务商等处于一种市场共生状态。

4.2.3 基地集群组织融合：系统性一体化融合

组织融合是产业融合的最高形式。在数字出版基地集群，产业融合如果仅靠单一层面的技术、业务及市场（资本）融合，无法提升产业集群治理与运营水平，从而影响其可持续发展。因此，集群发展的关键在于集群组织融合，即将集群打造成一个独立的、自主的和自我协调的自组织系统。自组织是指不需外界指令而能自行组织、自行创生、自行演化和自主地从无序走向有序，形成有结构的系统的过程和结果[54]。

数字出版产业集群自组织系统是借助治理与运营、服务和环境等三个子系统进行有机协同和融合发展的：

（1）管理（治理）与运营系统。集群治理主要有三种模式：集群（入驻企业）自治、集群代理机构（行业协会）治理和地方政府治理。目前，14家国家数字出版基地大多采用集群（入驻企业）自治模式。但现实问题是，一方面地方新闻出版广电局强调对基地的掌控权、管理权，却尚未成立科技与数字出版处予以针对性管理；另一方面，一些基地在尝试新建管理办公室后，由于入驻企业属性和事业属性的不明确，导致管理和服务能力跟不上。为了规避上述问题，一些创新模式也在不断实践：比如上海张江基地的"运营商、企业服务商、产业投资商三位一体"模式、中南基地的"大企业理事会"管理模式、江苏基地的"管理、服务、运营三分离"模式等[55]。

（2）服务系统。由于技术、市场、信息、管理等不对称，导致集群入驻企业的经营和风险等成本不断上升。因此，就需要建立各种集群服务机构或组织，比如政府科技管理相关部门、科技中介机构、金融机构等[56]，降低集群组织的管理和运行成本，协同组织创新。

（3）环境系统。环境子系统主要包括政策、市场、技术、法律、人才、文化等环境，借以助推集群组织系统的优化和升级。

4.3 技术驱动与嵌入集群内数字出版产业融合运行机制

新兴技术驱动是基地集群数字出版产业融合的前提，通过技术创新带动技术融合并促使基地集群数字出版产业融合，而集群内生性产业链延伸融合、外生性产业间关联融合、多节点内外叠加空间网络融合以及良好的集群治理融合共同推动了集群内数字出版产业融合运行和产业的可持续发展，如图4-3所示。

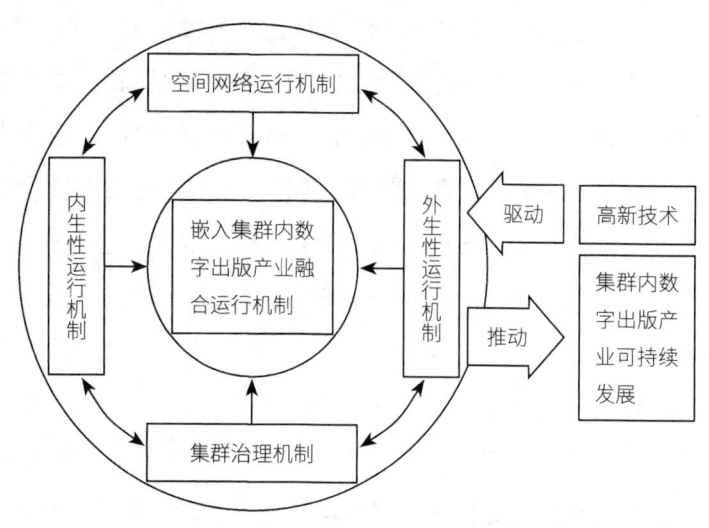

图4-3 基地集群嵌入与数字出版产业融合运行机制

4.3.1 嵌入性技术驱动机制：创新扩散与层递融合

从基础性成长动力来说，新兴数字出版产业中发展较快的手机出版、数字阅读、网络游戏、动漫等都与数字技术、大数据、互联网、宽带技术、移动技术、云技术等高新技术的发展紧密相关。信息时代产业发展的核心依附是信息技术,其贯穿于信息生产、加工、传递、发布的全部过程,信息技术的普遍运用给产业融合成长带来了巨大的推动力。以数字技术、大数据技术、互联网与宽带技术和移动技术为驱动的强大力量不仅带来了技术融合,同时又促成了产品、渠道、平台、市场的交叉发展。因此,技术是产业融合的基础性融合成长动力。纵向来看,产业融合的形成主要由三个阶段构成:第一阶段是指20世纪80年代数字技术主导的信息融合,即将文字、图片、声音、视频等信息都统一转化为"0""1"数字信息编码,实现数字技术融合;第二阶段是指20世纪90年代互联网技术主导的媒介大融合,网络的发展为数字信息提供了强大的载体和平台,由此推动了报刊、广播、影视等与互联网的媒介大融合;第三阶段是指21世纪初由宽带与移动技术主导的产业融合。宽带与移动技术的发展一方面推动了技术本身的立体化、空间化和网络化;另一方面也极大地促进了互联产业、电信产业与传媒产业的产业融合与创新发展,使得各类数字出版产品不断涌现,也为数字出版产业集约化发展奠定了技术基础。近几年随着大数据和区块链技术的快速发展,可以预见,未来第四阶段将是围绕大数据进行的数据融合。

正如前面所说的一样,新兴数字出版技术扩散降低了基地集群数字出版产业间的技术差异和技术壁垒,促使各个产业拥有接近的技术基础，推动了数字出版相关产业资源共享和优势互补，促进了其产业关联、产业链延伸和数字出版产业集群升级。技术创新是产业融合的基础，推动了"技术融合→业务融合→市场（资本）融合→组织融合"的融合层递发展，消除了产业壁垒和差异，推动了基地集群数字出版产业的可持续发展，如图4-4所示：

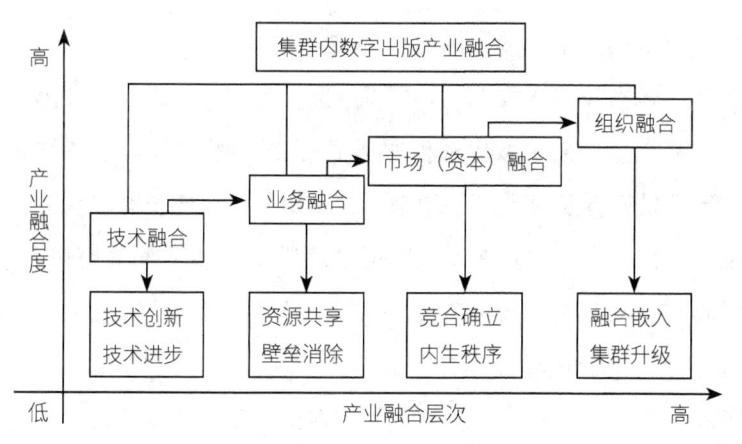

图4-4 集群内数字出版产业技术层递融合

首先，技术的创新与进步，满足了用户的多样化需求，这种不断上升的多样化需求又反导了技术产业的进一步融合和创新；其次，在融合技术创新和驱动下，集群内数字出版相关产业的技术差异逐渐减少，使得入驻企业实现了资源共享和优势互补，拉动了其业务融合；第三，在技术融合和业务融合的基础上，集群内数字出版产业间的市场壁垒不断降低，产业边界逐渐模糊化，推动了产业的市场（资本）融合，形成了良性的集群内生秩序与相关企业竞合关系；最后，在技术融合、业务融合、市场（资本）融合的联合推动下，促使数字出版产业集群的组织融合形成，实现了集群的产业融合嵌入与升级发展。

4.3.2　内生性延伸机制：产业链延伸融合

在数字出版产业中，产业内部存在着复杂的竞争合作关系，各种资源的共享促成了通过整合关联的方式形成的数字出版产业链，包括技术开发商、内容集成商、渠道提供商、平台运营商、终端生产商、版权增值服务商等"六商"。"六商"所构成的产业链延伸及融合是基地集群数字出版产业成长的内在要素。从数字出版产业的发展实践中可以发现，"六商"间的密切联系使得产业界限逐渐模糊甚至消失。产业内的关联融合让企业打破了原有产业边界，糅合了技术、产品、渠道、平台、市场等要素，在主导、延伸的基础上，构造出全新的产业链组合方式，为产业发展带来动力。在关联融合中，无论是上游的技术开发商、内容集成商，中游的渠道提供商、平台运营商，还是下游的终端生产商、版权增值服务商等，都打破了彼此间的产业间隔，实现了产业关联。其中，技术集成商凭借其技术优势成为贯穿数字出版产业链上、中、下游的主线。因此，产业内技术上的主导或者链条的延伸拓展，将数字出版集群内产业边界彻底打破，通过关联融合，使资源利用率和链条通畅度达到较高的水平，从而实现数字出版产业链融合创新与贯通发展，如图4-5所示：

第四章　机理形成：集群内数字出版产业融合动力结构、路径及运行机制 | ◇ 109

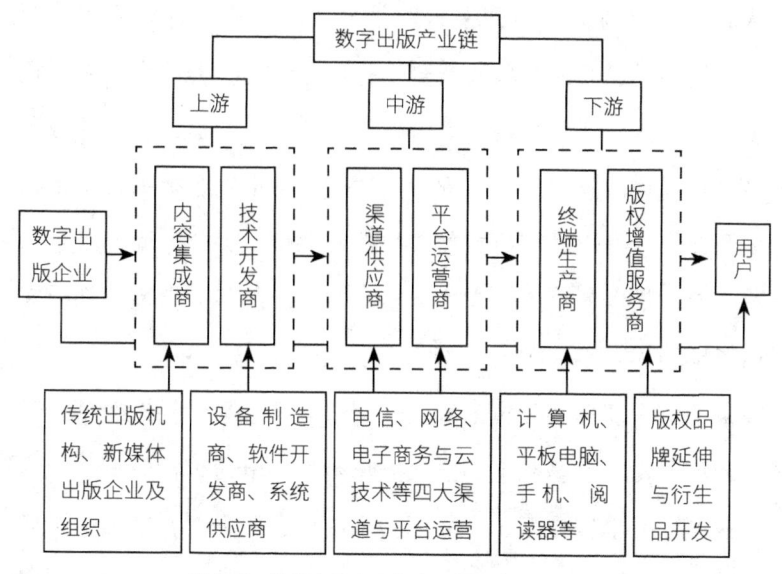

图4-5　集群内数字出版产业链融合运行机制

（1）产业链运行上游

产业链上游主要包括内容集成商、技术开发商，共同要完成的任务就是数字产品的内容集纳与技术处理。内容集成商主要包括传统新闻出版机构、新媒体出版企业及组织；技术开发商则主要为设备硬件制作商、软件开发商以及系统开发及供应商。

数字出版产业的发展需要内容与技术并存，内容集成商和技术开发商之间的协作、融合才能开发出适用于电信、网络与云技术等三大渠道与平台运营的数字产品。

（2）产业链运行中游

集群内数字出版产业链中游主要包括渠道供应商和平台运

营商。传统的渠道商和平台商是分开的，但随着数字化的深入，很多渠道商通过独建或合作打造自己的运营平台，同样很多的平台运营商也自建或者合作铺设自己的渠道，所以导致了渠道与平台的融合。一方面，渠道供应商借助各类平台不断拓宽渠道，使渠道利用更方便、快捷和廉价；另一方面，平台运营商也在借助各类渠道丰富自己的数字产品服务类型，从而实现了渠道供应商和平台运营商彼此交叉融合，并形成了电信、网络、电子商务和云技术等四大渠道与运营平台，以及基于数字内容投送平台基础上的五大渠道类型：电信运营商型、技术服务型、文学创作型、互联网门户或信息服务型，以及电子商务型[57]。

渠道供应商和平台运营商的融合是为了将上游数字产品方便、快捷和廉价地上载到电脑、手机、电子阅读器等各类终端上，供用户自主使用。

（3）产业链运行下游

集群内数字出版产业链中游主要包括终端生产商和版权增值服务商。终端生产商主要是生产能够承载来自渠道和平台上的数字出版内容的硬件设备，如计算机、平板电脑、手机、阅读器等。终端生产直接决定着数字出版产品市场的销售成果。良好的终端市场不仅能提升产品形象，还能够延伸产业链的附加价值，不断拓展数字出版市场。版权增值服务商是最近几年随着版权相关产业的快速发展而出现的，它是数字出版产业链的重要延伸，主要形态是版权跨界经营、数字产品品牌延伸和衍生品开发等。根据长尾效应和国内外的实际运作经验，它是集群产业链未来的重要赢利方式。

基地实践中一些典型融合案例模式聚点分布如图4-6，比如"Kindle模式、iPad模式、盛大文学模式"采用的就是"内容集成商+终端生产商+版权增值服务商"融合模式。

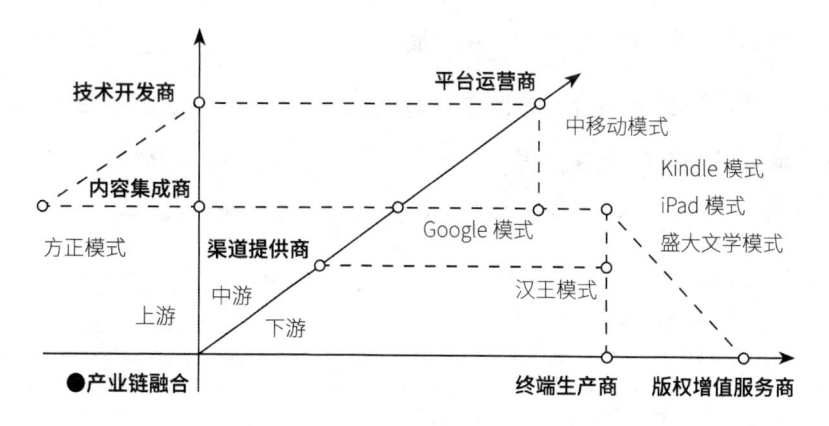

图4-6 "六商"产业链延伸融合案例模式聚点分布

资料来源：①杨文轩.数字出版七大商业模式[N].出版商务周报，2010-09-10（10）.②周利荣.我国数字出版产业链整合模式分析[J].出版与发行研究，2010（10）：39—42.③杨庆国，陈敬良.数字出版产业融合绩效研究[J].出版科学，2015（3）：81—85.

综合上述，数字出版产业链上、中、下游并不是孤立运作的，它们彼此依存和广泛互动，以此实现集群内数字出版产业链延伸融合，这种内生性运行机制也是整个集群产业运行的核心。

4.3.3　外生性组合机制：产业间价值链关联融合

基地集群外生性组合机制形成比较关键的是外部生态环境系统的牵引与孕育。而促使集群内数字出版产业融合的外生性因素主要是法律政治、经济与信息、社会人文、技术与产业环境等四维环境系统。新兴的数字出版产业面对着激烈的外部竞争和相关政策的引导，必须找准对策，调整自身的运作方式，确定自己的核心业务，优化资源配置和资本结构，实现相关产业间的跨界和融合，从而才能发展壮大。目前，众多外生性环境系统中起决定性作用的主要是制度环境、市场环境的牵引与孕育，推动不同产业之间的价值链拓展融合，如图 4-7 所示：

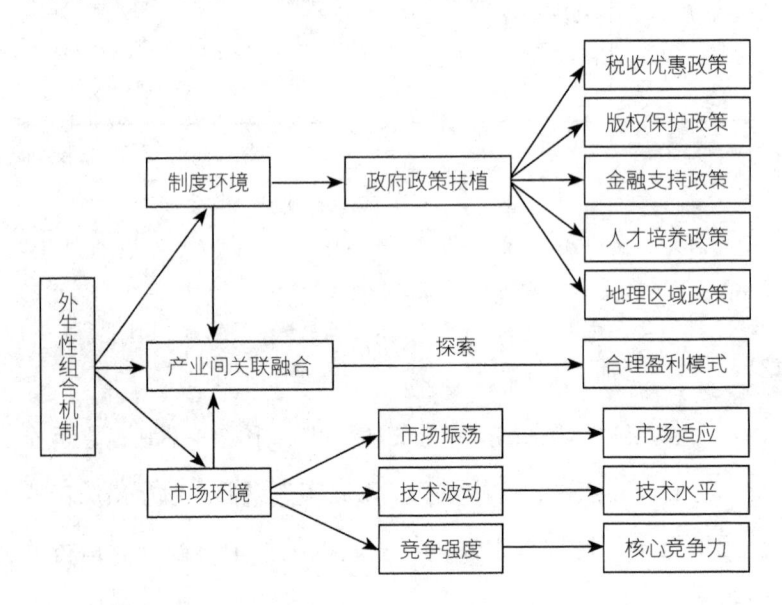

图 4-7　集群数字出版产业融合外生性运行机制

（1）制度环境系统牵引

制度环境指的是一系列与政治、经济和文化有关的法律、法规和习俗。指人们在长期交往中自发形成并被人们无意识接受的行为规范。

为了推进新兴数字出版产业快速发展，近几年政府不断加大了政策扶植力度，把加快发展数字出版、优化数字出版产业链、推动数字出版基地集群建设作为新闻出版产业发展的重点。为此，国家及地方政府颁布和实施了一系列的产业扶持政策，主要涉及9个方面：

表4-1 基地集群政策类别及其扶持内容

政策类别	扶持内容
财税优惠政策	财政资金补贴、税收优惠和政府采购
贸易政策	进口保护政策和出口支持政策
金融支持政策	风险投资、信贷支持和信用支持
知识产权保护政策	保护和开发知识产权的法律法规体系建设
市场综合执法政策	优化市场监管执法方式，建立健全文化市场信用体系
消费引导政策	创新数字出版产品供给，多渠道、多方式鼓励文化消费
人才队伍建设政策	培养引进优秀人才、壮大人才队伍
政府服务管理政策	明确分工、精简手续、维护市场公平和政策稳定
地理区位政策	建设基础设施、建设科技产业园区和信息网络服务

如表4-1所示，政府为数字出版产业创造的政策环境是其外部化成长的主导因素。从目前国家和地方政府对数字出版产业基地的政策看来，产业外部化成长的政策环境主要包括9大

类。这些政策大大促进了集群内手机出版、网络出版、云出版、数字阅读、网络游戏与动漫等数字出版核心产业与技术研发、金融、广告、影视、数字教育、衍生品开发等相关产业的融合发展，加快了集群内数字出版产业升级。14家国家数字出版基地集群发展实践表明，强大的政府政策支持对产业融合发展和产业集群升级具有重要意义，这些政策的实施有力推动了数字出版产业基地集群的升级发展，孵化和培育集群内数字出版产业链的形成与完善。

（2）市场环境系统孕育

基地集群市场环境系统一般分为集群内部入驻企业环境（内环境）与外部产业环境（外环境）两大系统。大多数情况下，企业系统并不能有效地控制外部环境，更多的是适应外部环境系统。近几年，集群外部市场环境不断优化，以及相对完善的激励性政策扶持，使我国的数字出版产业及其基地集群迅速崛起，虽然仍有着市场不成熟、国际化水平低、产业链不完善等问题，但相对较少的国内竞争和较低的市场进入壁垒，使得大多数市场先入者掌握了产业主动，快速成长壮大。

外部市场的政策支持和管制放松、巨大的市场空间以及用户数字出版需求多样化的市场消费特征，再加以较低市场进入壁垒的促动，促使了基地集群内数字出版产业的融合发展。

市场环境主要包括市场振荡、技术波动以及竞争强度三方面[58]。首先，在我国数字出版产业发展过程中，数字出版业作为新兴产业，市场竞争激烈，竞争者行为与消费者偏好与需求的变化速度快，市场环境较为振荡，这要求数字出版业不断努力改善自身服务并提高产品质量，增加产业竞争优势；其次，当下，信息技术、互联网技术、云技术等高新技术发展迅猛，直接给数字出版业发展提供了大量的技术支持。我国数字出版业正处于技术变动强的市场环境中，企业能够在技术进步与技术融合的推动下不断进行开拓创新，获得竞争优势；第三，我国集群内数字出版业涉及产业范围广阔，各相关产业之间竞争激烈，这要求企业能够改进和创新产品，与其他产业协调互动，注重消费者需求，进行差异化生产，以此来区别于竞争对手，从而在激烈的市场竞争中处于优势地位。

市场振荡、技术波动以及较高竞争强度在给集群内数字出版产业发展带来挑战的同时，更多地促使了数字出版产业市场适应力、技术水平和核心竞争力的提升，丰富了其业态和产业类型，进一步拉动了产业的融合发展。

(3) 基地集群数字出版产业间价值链跨界融合形成

基地集群数字出版产业外部化及其与其他产业的关联融合，是基于集群数字出版产业价值链拓展的需要而发生的，当然这一过程中集群生态环境系统起了至关重要的作用。

一方面，政府通过制度供给和产业发展引导，在集群内数字出版产业间跨界融合发挥关键作用。新兴数字出版产业还处于集群产业孵化期，没能完全适应集约化发展的运行规则，必须借助政府的扶持、调控和引导，以改善出版产业的运作方式和技术手段，并通过产业间跨界和融合提高市场效率和水平。同时，借助数字出版产业间跨界融合促使资源优化配置，降低入驻企业生产成本，增加企业的核心竞争力。

另一方面，在外部市场环境的压制和拉动下，集群内数字出版业也只有实现产业间跨界融合，才能实现产业优势互补、实力增强和合作共赢，从而在市场振荡、技术波动以及较高市场竞争强度环境下发挥相关产业的联动效应和集聚效应，形成规模经济和范围经济。同时，在激烈的市场竞争环境中，产业间跨界融合也能促进集群内数字出版业管理效率提升，帮助企业改进和创新产品及技术，形成竞争优势，促使企业内部资源的优化调整，推动产业转型与升级。

4.3.4　网格化集群空间协同机制：多节点内外关系融合

无论是产业内的产业链融合还是产业间的价值链拓展关联融合，一个最根本的限制就是它属于一种"链式"融合，是一种线性的融合方式。现实中，尤其是数字出版行业所面向的当下互联网经济，大量入驻企业之间不仅仅只有单一的线性链接关系，更多是一种基于项目合作、盈利需要等多方协同的网络关系，这使得基地集群组织呈现网格化布局。因此，网络协同关系越来越成为成熟集群的一种制式关系。依据哈肯森（Harkansson，1987）的观点，网络是具有参与活动能力的行为主体，在主动或被动的活动参与过程中，通过资源流动，交互形成的各种正式或非正式关系，主要由行为主体、网络中的活动和资源等三方面要素构成[59]。这三方面的网络构成要素及其内含组成之间的融合就形成了集群内数字出版产业网络融合成长的三个层面：

| 第四章　机理形成：集群内数字出版产业融合动力结构、路径及运行机制 | ◇ **117**

（1）行为主体融合：集群网络主体主要由政府、企业、行业协会、中介机构、科学院所等构成，其融合主要体现管理主体（政府）、运营主体（入驻企业）和服务主体（以行业协会为代表）三者之间的有机合作。

（2）多主体活动融合：主要通过集群内生产要素的合理流动、行为主体间知识与信息互动、入驻数字出版企业外部交易等活动交叉运行。

（3）资源配置优化融合：优化配置集群内数字出版物资、技术、信息、资金、知识、人才等资源，以行为主体的共享，并通过各类资源的聚合降低产业主体的使用成本，推动集群范围经济和规模经济的不断壮大。

行为主体层、活动层与资源层三层的多节点叠加融合共同推动了集群内数字出版产业网络成长。具体如图4-8所示：

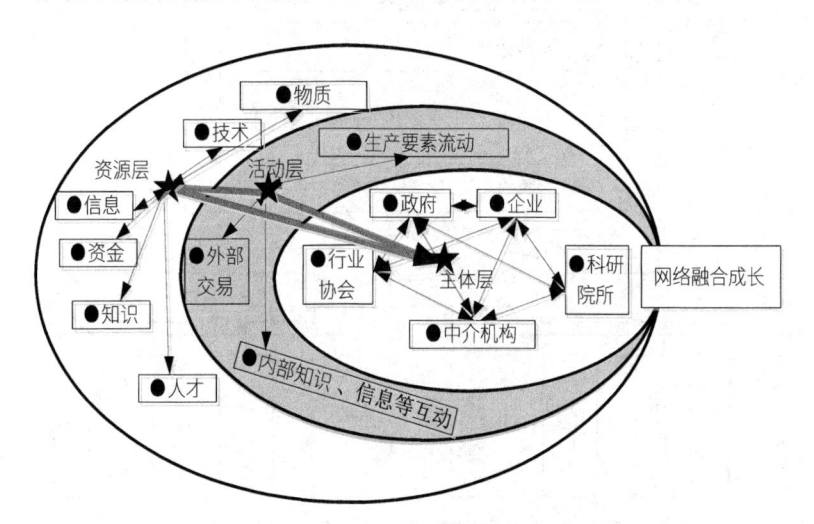

图4-8　网络融合成长：多主体内外叠加节点融合

由图 4-8 可见，集群内数字出版产业网络融合成长是一种以技术驱动为基础，以管理主体、经营主体和服务主体等多主体交互，并通过活动推动和资源配置等共同推进集群内外叠加所构成的空间成长。

网络运行实质上是多频次内外交叉形成的多节点叠加空间融合，而集群产业发展的最重要特征就是具有网络特性，其主要表现在网络分工、网络协作互动、网络创新和网络根植四个方面[60]，由此形成此点研究的分析框架，如图 4-9 所示：

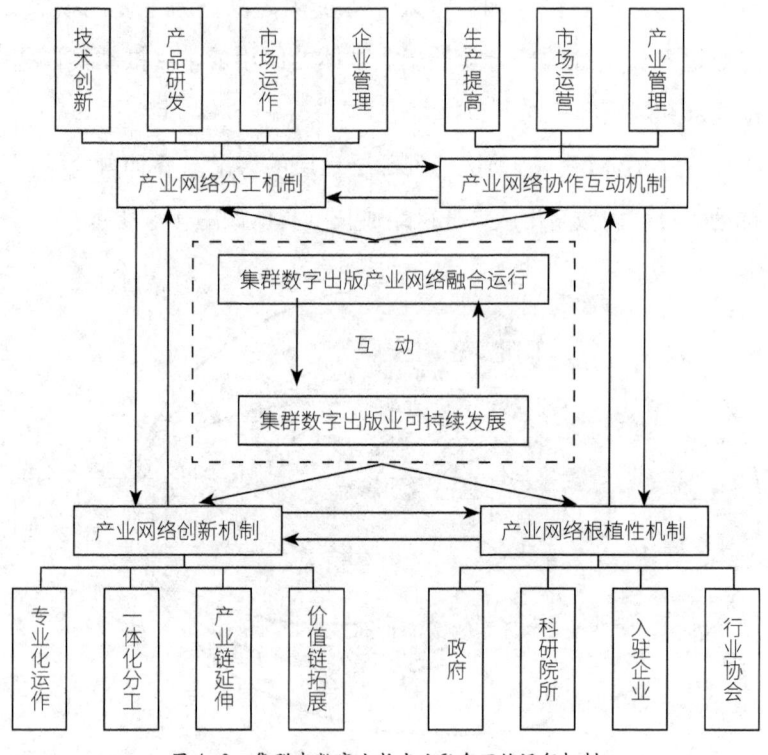

图 4-9　集群内数字出版产业融合网络运行机制

如图4-9所示，参考张宇等（2006）对产业集群网络特性的分析[60]，研究认为嵌入集群内数字出版产业融合网络运行机制主要包括以下四个方面：

（1）产业网络分工机制

产业集群最大组织优势或特征就是生产的外部化（一体化）与交易的内部化。最初的企业各个部门为获得经济效益，因为共同任务而自发聚集和分工，虽也能促进企业整合，但很容易造成盲目性，企业各个部门之间分工模糊，甚至导致不同部门间的恶性竞争，不利于企业可持续发展。因此，集群产业运作模式下，专业化、精细化的产业分工特征将越来越突出。

在产业网络分工机制中，集群入驻企业通过生产外部化，即借助集群网络关系把相关生产分包给自己的链条企业或生态企业，进而实现集群内数字出版企业在技术创新、产品研发、市场销售等环节上实现集群生产一体化，并在一体化分工中实现协作与互动，借以提高集群内相关产业的生产及交易运行效率；同时，相关产业在区域内的集中也带来了规模经济，降低了交易成本。因此，合理专业的网络分工，能够使集群产业链上中下游保持畅通，各部门稳定运行，实现规模效应。

（2）产业网络协作互动机制

集群内数字出版产业中产业网络协作与互动主要是针对生产提高、市场运营、产业管理等环节的资源共享与信息互动，主要包括产业间及部门间两类协作与互动：①产业间协作与互动是指具有相同或类似任务的企业之间的良性互动和优势互补；②部门间协作与互动主要是集群组织中各个部门围绕着入驻企业生产、交易、管理等分工进行合理任务划分、协作与互动，以灵活应对具有不确定性的市场环境。产业网络的协作与互动使得每个企业和部门都拥有合适的角色并及时调适自身的运行机制，避免恶性竞争。

（3）产业网络创新机制

产业网络创新机制要求集群内数字出版产业融合运行过程中，各个部门要进行专业化运作、细节化分工，并在产业链延伸和产业间跨界的过程中注重技术、产品、运营和管理的创新。当前，基地内各相关产业之间已初步形成较高程度的互动与协作集群网络，逐渐促成了市场资源和技术信息的合理流动和共享。此外，伴随着产业分工的日益细化和专业化，每一个环节的创新都能够快速扩散和传导到产业链的其他环节，并带动整个基地集群的技术转型和产业升级。

（4）产业网络根植性机制

集群根植性的一个重要表现就是集群内部企业之间形成的分工协作的企业网络。企业之间的分工协作关系越好，联系就越紧密，集群根植于本地的性质也就越强[61]。国家数字出版基地集群产业网络参与主体不仅有入驻企业，还包括政府、科研院所、行业协会等，集群中多主体间互动与融合就形成了集群的文化、组织、制度和地理等多维根植性，并以此实现对集群网络内多主体的关系型确立和结构性嵌入。数字出版企业作为基地集群中的一个主要群落，在多个主体的集群区域协作中，必须处理好各主体之间协作关系及结构分工，以使入驻企业、政府、科研院所、行业协会等中介组织之间能够良性互动，从而促进集群内数字出

| 第四章　机理形成：集群内数字出版产业融合动力结构、路径及运行机制 | ◇ **121**

版产业的融合发展，提升基地集群所在属地的多元根植性。

总之，网络分工、网络协作与互动、网络创新以及网络根植性等机制使得基地集群数字出版产业间实现了多频次的内外叠加、节点协作与互动和空间延展，推动集群网络空间发展的规模和范围效益实现，促进了产业快速发展。

网络运行实质上是多频次内外交叉形成的互动关系叠加融合，而集群产业发展的最重要特征就是具有网络特性，其主要体现在产业网络分工、协作、创新和根植四方面，并借以形成空间网络叠加融合路径：

①网络分工融合是为了提高分工部门的运行效率和降低外部交易成本。

②网络协作融合是为了实现集群入驻企业间资源共享与信息互动。

③网络创新融合是为了实现企业间的技术与知识溢出。

④网络根植融合则是为实现集群内多主体的关系确立与结构优化。

具体如图 4-10 所示：

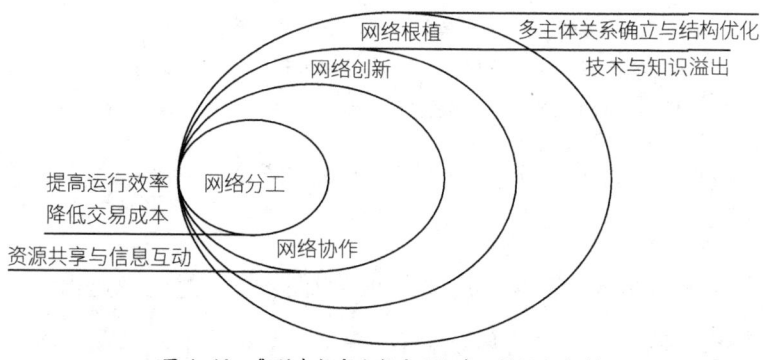

图 4-10　集群内数字出版产业融合网络运行机制

4.4.5 一体化集群组织治理机制：竞合机制与利益平衡重构

在信息技术和数字技术的驱动下，我国的集群内数字出版产业发展迅猛，规模逐渐扩大，效益日益提高。但我国数字出版产业还处在初期阶段，其发展仍然面临一些困境。比如，"六商"的竞争与合作机制形成，以及政府、入驻企业、行业协会、集群自组织等多主体的利益平衡问题。实践表明，必须要实现多元竞争机制与多主体利益平衡机制重构基础上的集群运行治理，才能促使基地集群数字出版产业的融合发展，如图4-11所示：

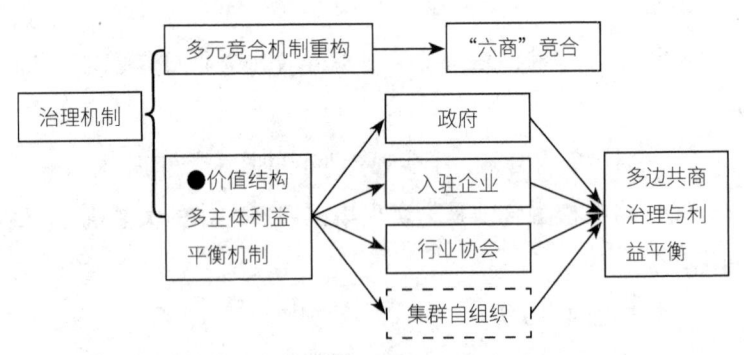

图4-11 产业融合下的基地集群运行治理机制

注：集群自组织的情况比较不确定，严格意义上，它更多是政府、入驻企业或行业协同的委托代理组织，但考虑到其组织功能，这里还是把它单列一下。（后同）

（1）多主体竞合机制再造：模块化竞合关系确立及其选择策略

随着集群的演化，过度竞争、封闭自守、过度专业化、创新惰性四种负面效应开始逐渐显现[62]。妨碍企业集群成长演化的阻力主要有以下几方面：路径依赖、创新惰性、集群网络区域锁定、过度竞争[63]。目前，数字出版产业发展迅猛，基地集群入驻企业所涉及专业庞杂、门类丰富，各个相关企业之间如果不能合理划定自身职责，实现分工合作，就很容易出现过度竞争，影响基地集群的升级发展。因此，必须通过多元竞争机制再造，确立"六商"竞争与合作关系，优化资源配置及合理流动，实现"六商"间的协作与互动，才能促进基地集群竞争的内生秩序生成及产业的可持续发展。

模块化是在产业分工、专业化不断深入、产业链关系日趋复杂的情况下出现的，在技术革命和经济全球化的推动下，它日益成为产业集群的重要组织方式[64]。模块集群具有信息异化、共同进化的系统结构以及"背对背"竞争特征，能够从制度安排上内生地化解一般产业集群的"自稔性"风险：资产专用性风险、战略趋同风险、封闭自守风险和创新惰性风险[65]。模块化是一个将系统进行分解和整合的动态过程，而其中的价值模块是产业融合的载体，模块化、产业融合不仅改变了生产结构基础，而且改变了竞争的基础，使企业之间的合作与竞争都达到了极致，这集中表现为企业之间的合作竞争[66]。

因此，模块化是极致化分工与极致化合作的结果，它推动了离散竞争原子型企业转向集群合作竞争网络型企业发展，从产品供应链到企业经营环节实现分工组合，并将分工产生效益和整合产生效益融合[67]，从而奠定了集群内企业合作竞争的内生秩序及其可持续发展的特性。

（2）多主体利益平衡机制：多边共商治理与利益协调

基地集群数字出版产业的参与主体主要包括入驻企业、地方政府、行业协会、集群自组织等。只有这些参与主体共同共商、多边互动，注重彼此之间的利益平衡，才能够促进集群内数字出版产业的稳定发展。集群自组织和行业协会应从宏观出发，把握集群内数字出版产业的整体发展概况，协调各方以帮助各个参与主体实现利益最大化；入驻企业应从自身出发，借助政府的政策扶持并适应其制度规制，灵活应对市场环境的不确定性；政府则主要负责制度供给与规制，引导和帮扶基地集群健康发展。只有实现各个参与主体的多边共商和利益平衡，才能够实现嵌入集群内数字出版产业的发展壮大。

集群组织治理已经形成比较成熟的四种模式：一个或几个大企业联盟为中心的盟主治疗模式、以行业协会为中心的意大利治理模式、以官方或半官方为中心的行政治理模式和以风险投资者为中心的硅谷治理模式[68]。从中可以清晰地得出集群治理的三大主体：入驻企业、行业协会和政府，由此形成企业网络治理、行业协会治理和地方政府治理的三维集群治理结构[69]，以实现数字出版基地集群三大治理主体之间及其内部的共商治理和利益平衡。

（1）优化以入驻企业为主体的基地集群市场导向共商治理与利益分配机制。在"六商"构成的集群企业网络中，技术开发商、平台运营商和渠道提供商凭借其技术、平台和渠道的优势占据了数字出版利益分成的绝大部分，这大大损伤了现实中尤其是作为内容提供商的传统出版企业、出版传媒集团等对发展数字出版产业的积极性，因此必须借助市场调整集群资源配置导向，发展数字出版基地集群核心企业发展的引导机制、重大项目推动机制和信息沟通交流机制，构建基于"六商"共商和利益平衡的企业网络治理形式。这种共商治理又分为两个层面：一是以"六商"内外部关系治理为核心的网络治理；二是以"六商"利益治理为核心的价值链治理[70]。

（2）推动政府主导的基地集群纵横协同治理及其利益协调。一方面，纵向上，要完成省部、市、区三级科层共商治理与利益（权力）平衡；另一方面，横向上，主要是要完善基地集群所跨各区、各市以及各个省与国家新闻出版署之间的同级政府之间的府际共商治理与利益平衡。纵横共商治理的关键是要完善上对下、同级对同级的协同与权力配置。

（3）建立以行业协会中介调节为主导的外部三边共商机制与利益协调。基地集群入驻企业、行业协会和政府之间的权力博弈形成与治理相对应的权力配置形式、权力运作方式和相应的利益结构，这就需要发挥行业协会的中介委托代理机制，实现其在三边共商治理中的沟通、裁判和服务功能[71]，以实现基地集群三边利益平衡。

4.4 本章小结

本章主要研究技术驱动与嵌入集群内数字出版产业融合机理。

首先，研究分析了集群内数字出版产业融合动力结构，即高新技术驱动力、企业业务扩展力、市场拉动力及政府政策牵引力。高新技术的驱动和企业业务的拓展提高了企业的竞争力，企业的业务拓展和政府的政策牵引则降低了产业壁垒，政府的政策牵引和市场的竞合拉动为产业提供了可持续发展，最后市场的竞合拉动和高新技术的驱动使得产业边界更加模糊，走向产业融合。

其次，研究分析了集群内数字出版产业融合路径框架，推论了产业融合的技术融合、业务融合和市场（包含资本）融合、组织融合四个层次的结构演进，即物质技术基础驱动到基地集群业务融合，再到市场结构优化和高级化集群组织体系完善的递进路径，其中技术融合是产业融合的重要前提和最初引发要素，也是基地集群产业融合基础和最根本的内在驱动。

最后，研究分析了技术创新扩散循环与嵌入集群内数字出版产业融合运行机制，即：高新技术驱动机制、内生性运行机制、外生性运行机制、空间网络运行机制、集群运行治理机制。其中高新技术主导与介入式融合是基础性融合成长，产业关联和延伸组合是内生性运行机制，产业环境融合是外生性运行机制，多节点内外叠加空间融合是多节点内外叠加空间融合，竞争机制再造与利益平衡是基地集群运行一体化治理机制。

在高新技术驱动下，新建的14家国家数字出版基地集群产业快速发展，一个立体化的运行机制将全方位地推动集群内数字出版产业融合，实现基地集群的技术创新、产业链延伸、外在环境优化、空间网络拓展和有效地运行治理，发挥基地集群各子系统的竞争和协同融合效应，并借助外部的制度供给、管理创新和治理完善，不断进行产业链间的主导、关联和延伸，从而推动集群内的多主体融合，促使基地数字出版产业集群的转型升级。

第五章　模式归结：基地集群数字出版产业融合方式

在第四章基地集群产业融合机理剖析的基础上，本章主要研究总结了基地集群产业融合的方式方法。课题主要从"技术主导融合：迭代与思维""产品嫁接融合：垂直与极致""产业交互融合：合作与合并""组织协同融合：柔性与混合""外部环境牵引融合：诱致与强制"" '走出去'跨域产业融合：战略与渠道"等 6 个维度进行基地集群产业融合发展模式总结，以为相关文化传媒产业集群建设提供融合方式参考。实践中，北京国家数字出版基地也正是采用了"文化+创意+科技+产业化"的融合发展之路[①]，才使得其在 10 年不到的建设时间内就已小有成就。

5.1　技术主导融合：迭代与思维

5.1.1　技术驱动融合：创新迭代加速

产业融合的基础在于技术创新与发展。基地集群数字出版

---

① 百度百科.北京国家数字出版基地[EB/OL]. https://baike.baidu.com/item/%E5%8C%97%E4%BA%AC%E5%9B%BD%E5%AE%B6%E6%95%B0%E5%AD%97%E5%87%BA%E7%89%88%E5%9F%BA%E5%9C%B0/15441657?fr=aladdin, 2021-01-29.

产业技术融合表现为一种以数字化、大数据、区块链、云计算、智能化技术、数字内容加工转换技术、多媒体数字技术与纸质印刷出版物相结合的 MPR 技术等高新技术与相关产业主导融合模式，这种主导融合一般发生于高科技产业和传统出版产业的产业边界处；同时，这种技术主导融合的形态、产品、效果等往往因为新技术的迭代加速而不断被颠覆。在传统出版产业发展中，产业融合往往涉及层面不深，发生范围较窄。在数字出版产业集群内，大部分产业之间存在着共同的技术基础或技术平台。因此，高新技术主导产业融合主要依托高新技术，充分发挥了高新技术强大的主导与介入力和快速的增长性优势，使产业融合范围更广，涉及层面更深，运行效率更高。数字出版企业和传统产业之间通过高科技技术的主导与介入，逐渐形成一种融合型的新兴产业，如移动出版、数字教育、数字音乐、网络游戏与动漫等。

目前，只有清晰认识到高新技术这种嵌入融合的方式和特点，才能真正提高数字出版集群内产业融合的效能，带动数字出版基地集群诸多业务的发展、产业的升级以及基地的差异化发展。以云计算技术为例，它具有极强的存储能力和数据处理能力。因此，利用统一的信息资源平台，将海量的信息和数据进行云存储并通过编辑、策划等多种方式的处理，就能让受众在短暂的时间内快速分享到想要的信息资源。

当前，人们对数字出版技术、媒介及产业融合的要求也越来越高，如网络游戏、数字阅读、网游动漫、电子书包、电子阅读器等数字出版产业，应当根据受众需要，积极研发高新技术，努力实现产业的技术主导和介入，以高新技术推动媒介和产业融合，去满足人们对数字出版产业的新要求。14家国家级数字出版基地集群为数字出版产业融合提供了基础性物质技术条件，并引导了数字出版产业的技术升级，提高了数字产品的数量及服务质量。

5.1.2 技术主导融合：融合思维形成

我国数字出版产业及其集群化发展的这10余年时间，也是以互联网络为基础的信息技术发展最快的阶段。其中数字化、大数据、云计算、移动互联网、物联网、智能化、区块链、AR/VR、5G等新技术不断出现，而且技术迭代越来越快，间隔时间越来越短，对产业融合的冲击越来越大，影响越来越深，延伸的范围越来越广，这还只是一种纯粹技术层面主导融合的外化呈现。

技术层面主导融合更重要的价值，是产生了基于技术融合上的产业融合思维，即影响了整个产业乃至社会的价值判断和行为选择。比如很多行业所提的互联网思维，其中一个核心与关键点就是融合思维，而这一思维的原点是互联网技术带来整个社会的变革所产生的，而互联网思维的形成也符合人类思维发展的普遍规律，即从"工具→工具思维"，即它以互联网技术为基础，立足于互联网去思考看待事物和问题，并逐渐融合了经济、政治、文化、道德、法制等多种思维[72]。研究收集整理了互联网企业（家）提出的互联网思维，具体如表5-1所示：

表 5-1　互联网企业（家）提出的互联网思维 ①[73]

提出者	总结	互联网思维描述
李彦宏	最早提出	互联网产业最大的机会在于发挥自身的网络优势、技术优势、管理优势等，去提升改造线下的传统产业，改变原有的产业发展节奏，建立起新的游戏规则
周鸿祎	颠覆式创新	用户至上，体验为王，免费是互联网的精神；颠覆式创新；互联网赚钱的三种模式：利用互联网卖东西、广告、增值服务
雷军	雷七诀	专注、极致、口碑、快
马云	九字诀	跨界、大数据、简捷、整合
马化腾	马七条	连接一切、互联网＋传统行业＝创新、开放式协作、消费者参与决策、数据成为资源、勇于接受潮流、连接一切的风险
赵大伟	九大思维	用户思维、简约思维、极致思维、迭代思维、流量思维、数据思维、平台思维、跨界思维、社会化思维
陈光锋	十二大思维	标签思维、简约思维、NO.1思维、产品思维、痛点思维、屌丝思维、整合思维、粉丝思维、爆点思维、迭代思维、流量思维、整合思维
何万斌	十二法则	用户至上、魅力吸引、用户参与、体验为王、跨界颠覆、聚散资源、去中间商、去隔热墙、去权威化、人人中心、创意为本、构建生态
宜家员工	宜家思维	粉丝思维：让粉丝做贡献；免费思维：降低使用门槛；流量思维：流量就是金钱；开放思维：分享风险利益；屌丝思维：得屌丝者得天下；媒体思维：人人都是自媒体

①　资料来源：李海舰，田跃新，李文杰.互联网思维与传统企业再造[J].中国工业经济，2014（10）：135—146.（作者做了较大调整和增加）

上述互联网思维列举中,其中比较受到业界和学界认可的就是赵大伟的"九大思维",而这一系列的思维落实到具体产业中,就是前述文献[30][31]中几位研究者提出的"集群化、融合化、生态化是 21 世纪的未来产业发展的趋势"理念。"集群化、融合化、生态化"发展趋势的根本依据在于技术融合,以及形成产业融合发展与治理的"集群化、融合化、生态化"三大思维。

因此,新技术不仅主导了融合的物理层面变革,而且最为关键的是还主导了产业发展思维深层次领域的化学层面变革,影响甚至颠覆重构了整个人类的价值体系,使得融合成为一种社会化的集体思维方式和行为选择标准。比如"开放、平等、协作、共享"的互联网精神,越来越成为企业"互联网+"融合发展之路的共同价值观。

5.2　产品嫁接融合:垂直与极致

5.2.1　产品开发融合:数字化重度垂直

数字化、网络化与智能化等信息技术不断创新,使得媒介走向深度融合,而以数字化为基础的产业融合也在不断提升。在这一过程中,数字产品垂直开发会出现边际成本的极大节约与边际收益的极大提升。因此,现代的新型出版传媒信息科技企业都特别注重产品的重度垂直开发,注重发展"锥子型"产品。比如,对于上海张江国家数字出版基地中的阅文集团来说,起初可能只是一个互联网文学作品/产品,一旦该作品有了较高热度后,就可以开发成为电影、电视剧,再形成旅游、饮食、文化地产,进而垂直到资本市场的风投、概念股、新三板等。

需要指出的是,基地集群数字出版企业这种数字化重度垂直一是得益于数字技术、互联网技术、移动通信技术、物联网等一些核心共性技术满足、支持和消费引导;二是市场不断细化导致产品不断被"小众化",并不断被市场引导到极致化;三是用户需求的场景越来越多样化,数字产品之间形态、软硬件配置、功能等只有互补、迭代和整合联结,才能不断满足用户的个性化、场景化、功利化的需求。

5.2.2 产品嫁接融合:生产与服务极致化

随着数字技术、互联网技术、移动通信技术、物联网等技术领域不断融合,数字出版产品、形态、传播等不断迭代与被颠覆,特别是前述大数据、区块链、云计算、人工智能、数据库、数字内容加工转换技术、多媒体数字技术与纸质印刷出版物相结合的 MPR 技术等新技术不断嵌入导致数字出版产品的外延越来越大,相关产品不断扩大联结,出现了电子图书、数字报纸、数字期刊、网络原创文学、网络教育出版物、网络地图、数字音乐、网络动漫、网络游戏、数据库出版物、手机出版物、互联网出版、按需出版、大数据出版等形态多样的数字出版产品[①]。

---

① 资料来源:新闻出版总署.关于加快我国数字出版产业发展的若干意见 [EB/OL]. http://www.gapp.gov.cn/news/798/76914.shtml,2010-9-15.

这些形态多样的数字产品，必须借助当下盛行的"云、网（互联网、通讯网和物联网）、端（客户端）、微（微博、微信、微视频）"4大平台或渠道，以及2大终端产品（PC、Mac电脑端；Android手机、iPhone、iPaid等移动端），才能不断被推新并实现生产与服务的极致化。

5.3 产业交互融合：合作与合并

相关产业交互融合的方式主要包括合作（产业内延伸、产业间跨界、产业体共生）与合并两种方式。

5.3.1 产业内延伸融合：利益导向

产业链是产业集群形成的基础性要件，产业链打造成功与否也直接决定着产业集群的成长与发展。[74]产业内延伸融合是发生于集群内数字出版相关产业之间的一种产业链延伸融合模式，也是集群内部化融合的最终目标和最高形式。它仍是以高新技术为载体，涉及基地集群数字出版产业与其他如影视、金融、培训、研发、设计、客户服务、广告等相关产业的链式延伸，从而形成由上述技术开发商、内容集成商、渠道提供商、平台运营商以及终端生产商等"五商"构成的链式拓展与融合。这种融合是利益为导向的，因此利益分摊比例是融合的关键。在数字出版产业链中，技术开发商、平台运营商和终端生产商长期占据合作利润分成的优势地位，比如说由中国移动、中国联通和中国电信寡头垄断构成的三大移动运营平台,比任何一家内容集成商都更有市场定价权[75]。因此,如何提高链条合作中内容集成商的合作议价能力或利益分摊比例是集群做活和延长产业链的一个关键问题。研究文献及相关经验介绍发现,可以通过内容集成商等自身实力增强或联盟、协会等中介组织组建、发挥集群中间性组织协调功能等手段逐步解决这一问题。

集群内数字出版产业的链式延伸融合在经历技术融合、业务融合、市场(资本)融合等融合过程之后,实现了数字出版核心产业与相关产业各个环节的合作,促进了数字出版产业链的延伸发展。在与其他相关产业的融合过程中,数字出版产业以技术为载体,积极吸取了相关产业中的有益成分,实现了产业转型和升级,也增添了产业的活力与动力。

从某种程度上来说,版权跨界经营与衍生品开发是产业链式延伸融合的重要标志之一。因此,全媒体融合时代,在上述"五商"的基础上又新增版权增值服务商。在产业融合过程中,必须充分重视版权增值服务商所从事的版权跨界经营与衍生品开发,积极带动整个产业链的循环运行,因为它是集群长尾效应的重要增长源,衍生产品就是对产业链的再次有效补充和延伸。在集群内数字出版产业融合过程中,产业链上中下游众多相关产业间建立起了密切的联系,对技术、内容、资源、业务、市场、组织、管理等整合及集聚效应的发挥至关重要。

5.3.2 产业间跨界融合：需求导向

产业间跨界是实现集群内产业融合的初始阶段，实际上我国目前大多数的数字出版基地集群正处于这个发展阶段。只有产业间的资源与战略方向相关，基地集群才能比较容易地突破产业边界。在一个集群内，如果仅依靠某个企业或者某种类型的企业的集聚，那么集群的发展就失去了创新空间。在我国的数字出版产业基地集群，除了进驻了一些数字出版企业外，也融入了其他许多相关产业，如设计、客服、物流运输、金融、广告、影视等，数字出版企业与这些相关产业产生出各式各样的共生关系，包括技术交流、功能互补、市场竞合等，从而延伸了入驻企业各自的业务范围和市场空间。

入驻企业借助集群平台实现技术、资本、产品、业务、人才和市场等交流、整合与跨界。首先，这种跨界是建立在技术跨界或者融合基础上的，是一种技术创新与扩散驱动上的产业内跨界；其次，这种跨界促进了产业内业务、市场、功能及流程等多维度再造，从而融合变化为全新的数字出版产业；第三，这种跨界的最终落点是形成自发的找寻与匹配，在经过议价或契约的基础上形成合作。

产业间跨界融合要求企业必须打破产业边界，糅合技术、资源、平台、管理、人才等多种要素。在产业跨界的基础上，目标是构造出全新的生产、产品、销售、服务等，以形成推动产业发展的最大合力。

产业间的跨界融合是产业融合的一种外生模式，它带来的不仅仅是技术上的主导或者拓展，更是一种产业间的高水平、深层次的全面融合。通过跨界融合，数字出版集群内产业边界不断被打破，资源分配效率与利用效率提升到非常高的层次，从产业相加走向产业相融。

5.3.3 产业体共生融合：价值导向

经济上，不同产业体入驻基地集群的核心动因就是实现范围经济和规模经济，因此其动力主要是杂糅了上述利益和跨界两大驱动要素，而这两种经济的实现是单个企业或单个产业无法实现的，必须借力集群中间组织协同。而无论是单个企业竞争与存活还是一个产业的壮大，其关键是能否找寻到合适的商业模式。

商业模式本质是企业或产业的一种价值主张、价值传播、价值创造和价值实现，这也是集群产业内外体融合的逻辑，即一种价值体系的共生。实际上，最早以桥接结构研究商业模式的学者 Hamel（2000）就提出，顾客价值、结构配置与企业边界"桥连"了商业模式"顾客界面、核心战略、战略资源、价值网络"的四个要素[76]，他的商业模式理论是以顾客价值为起点，以企业战略规划和战略资源的结构配置为中介，去实现企业的价值网络。

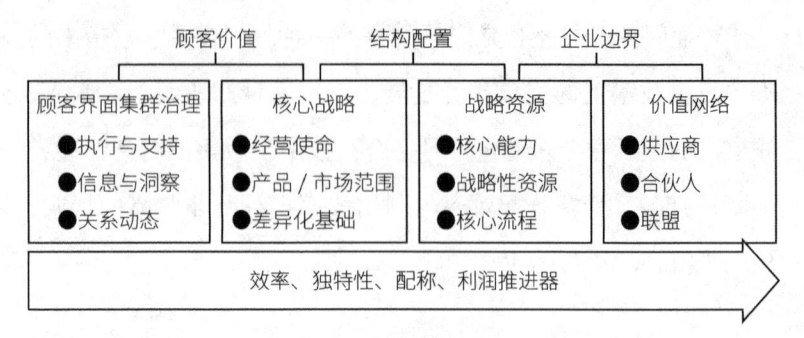

```
        顾客价值          结构配置        企业边界
┌─────────────┬─────────────┬─────────────┬─────────────┐
│顾客界面集群治理│  核心战略    │  战略资源    │  价值网络   │
│●执行与支持   │●经营使命    │●核心能力    │●供应商      │
│●信息与洞察   │●产品/市场范围│●战略性资源  │●合伙人      │
│●关系动态    │●差异化基础  │●核心流程    │●联盟        │
└─────────────┴─────────────┴─────────────┴─────────────┘
         效率、独特性、配称、利润推进器
```

图 5-1 Hamel 桥连结构商业模式 ①

Osterwalder 等（2005）则创造了商业模式 BM2L 模型，认为商业模式就是一个企业如何实现创造价值、传递价值以及获取价值，并以顾客、产品、财务和内部管理为切入点细分出 10 大要素：（1）顾客：客户关系、客户细分、渠道。（2）产品：价值主张。（3）财务：收入、成本、利润。（4）内部管理：战略资源、关键业务、核心伙伴[77]。

Shafer 等（2005）提出核心逻辑模型"战略选择+价值网络+价值创造+价值获取"[78]；Demil 和 Lecocq（2010）提出 RCOV 商业模式模型"收入（Revenue）+成本（Cost）+组织（Organization）+价值（Value）"[79]；Mark Johnson、Clayton Christensen 和 Henning Kagermann 认为商业模型应该是"客户价值主张+关键资源和能力+盈利模式"[80]。魏炜、朱武祥（2009）认为商业模式的运行机制应该是"定位+业务系统+盈

---

① 资料来源：[1]王雪东，董大海.国外商业模式表达模型评价与整合表达模型构建[J]. 外国经济与管理，2013（4）：49-60.[2] HAMEL G.Leading the revolution[M].Boston：Harvard Business School Press, 2000：5-45.

利模式+关键资源能力+自由现金流结构+企业价值"[81]。王雪东与董大海（2013）借鉴计算机核心层、汇聚层、接入层三层层级网络理念，提出商业模式的整合表达模型：（1）核心层：顾客。（2）汇聚层：顾客价值、企业价值和伙伴价值。（3）接入层内容：①洞察价值：价值模式（洞察需求、细分市场、价值主张）；②创造价值：运营模式（价值网设计、价值网定位、价值创造）；③传递价值：营销模式（渠道、品牌）；④获取价值：盈利模式（利润模式、成本结构、收入模式）[82]。

从上述文献整理中可以发现，虽然不同学者提出的商业模式整合表达模型不尽相同，但是基本都停留在价值这一核心关键词上。正如前述，研究认为企业的商业模式就是其价值主张、价值传播、价值创造和价值实现的一种层递实现方式，它是以用户为核心，以盈利为目标，以用户价值、企业价值和政府价值为导向，其关键是服务模式、运营模式、管理模式和盈利模式，具体细分为四个维度或层面：

（1）价值主张（用户管理层面）：需求信息、用户锁定、市场细分、关系结构、价值结构。

（2）价值传播（产品与服务传播层面）：品牌、渠道、平台、终端。

（3）价值创造（企业运营与管理层面）：

①战略资源和核心能力整合，其中战略资源主要涉及技术、信息、人员、产品、设备、渠道、平台、品牌、合作伙伴、联

盟、行业协会、政府。

②联盟/协会/商会（帮）伙伴价值网络构建。

③关键组织程序执行：主要是执行效率、公平、规制、规则、规范、社会责任等社会程序设计，其中组织主要包括用户组织、企业组织、中介组织和政府组织等四大类。

（4）价值实现（企业效益层面）：

①企业经济效益：收入模式、成本结构、利润模式。

②企业社会效益：社会责任与社会影响。

国内外新闻出版业也有诸多业界和学界对新形势下的出版商业模式进行了大量的实践和探讨，依据上述研究商业模式价值实现的四个维度划分，具体归类如表5-2所示：

表5-2　基于价值实现维度的出版商业模式细分[①]

价值层面	商业模式及运行描述	国内外典型企业
价值主张	专业数据库出版：在线数据库满足专业阅读需求；纸质和数字产品嵌入	施普林格、爱斯唯尔、知网、万方、维普

---

① 资料来源：[1] 姚柏年.数字出版商业模式研究[D].上海：华东师范大学硕士学位论文，2012（4）：39-58.　[2] 匡文波，孙燕清.数字出版商业模式的国际经验与启示[J].重庆社会科学，2010（6）：67-72.　[3] 陈净卉，肖叶飞.美国数字出版的产业形态与商业模式[J].编辑之友，2012（11）：126-128.　[4] 金雪涛，唐娟.数字出版产业价值链与商业模式探究[J].中国出版，2011（5）：56-59.　[5] 汪忠.数字出版的商业模式与传统出版企业的数字出版发展[J].出版发行研究，2008（8）：58-63.

续表

价值层面	商业模式及运行描述	国内外典型企业
价值传播	**教育服务**：在线课程学习、家庭作业管理、在线测试、电子图书、在线课外辅导、虚拟的体验性教学方式（边做游戏边学习、情景模拟实验室等）①	圣智学习出版集团、美国教育出版集团、培生集团、麦格劳·希尔教育出版公司
	按需出版：2008年，亚马逊率先开展了按需出版业务，它可追踪客户订单，快速打印并邮寄给客户；牛津大学出版社建设自己出版图书的电子书数据库，并以此二次创造按需出版给图书馆或个人。	亚马逊、牛津大学出版社
	电子书："平台+终端"的商业模式	亚马逊Kindle、中国汉王
	手机书出版：中国移动"手机阅读业务"；美国苹果公司推出的手机出版物订阅服务，订阅收益分成"苹果：出版商=3:7"。	中国移动；美国苹果公司
	苹果模式："硬件+软件+服务"的商业模式，收入主要包括硬件销售、内容应用商店、广告收入	iPod, iPad, iPhone
价值创造	**谷歌数字图书馆模式**：数字图书馆，用户注册使用谷歌账号即可在线搜索购买；同时，谷歌注重与出版商的合作，节省其传统内容提供商进入电子图书市场的人力和资金成本。	Google eBook store

---

① 这六种教育服务模式来自原上海世纪出版集团董事长陈昕在《美国数字出版考察报告》一书中对美国教育出版集团的经验介绍。资料来源：陈昕.美国数字出版考察报告[M].上海：上海人民出版社.2008:35–37.

续表

价值层面	商业模式及运行描述	国内外典型企业
价值实现	**网络原创文学模式**：收费阅读和全版权运作（委托代理延伸，如改编成影视剧等）占到整个收入的80%。	起点中文网
	谷歌图书搜索模式：广告商第三方支付	Google
	网络游戏模式：增值服务、道具收费和广告植入	腾讯、盛大、网易
	共享经济模式："共享书店""共享阅读"，押金交付99元即可带免费阅读新书10天；此外，读一本书奖励1元钱①。	安徽省合肥市三孝口新华书店

通过表 5-2 梳理发现，新技术的出现导致出版行业产业融合不断加快，而在产业融合过程中又涌现了很多新生商业模式，在扩大行业盈利点的同时也大大破坏或颠覆了原有的传统产品、运营、管理、盈利等生态体系，特别是新的商业模式大多数还只停留在运营模式上而不是盈利模式，再加上这些商业模式很容易被多个融合产业或企业所共享、移植，从而导致利润不断地被挤压、摊薄，这就是很多传统媒体融合进展缓慢的根本原因。

---

① 2017年7月16日，合肥三孝口书店以全球首家共享书店的身份正式亮相，共享书店模式启动后，市民只需缴纳99元押金就可免费把书从书店带回家阅读。据悉，安徽新华发行集团还将在旗下书店全面推广共享模式，推动全民阅读。资料来源：桂莉芬.全球首家共享书店亮相合肥：缴99元押金可免费借阅书店内所有图书[EB/OL].http://365jia.cn/news/2017-07-16/1BB40CD2359D80F2.html，2017-07-16.

此外，上述梳理的仅是一些企业或产业的商业模式，作为一个产业集群运营、管理商业模式的视阈，应该更加宏观综合考虑所有产业商业模式引入后的二次创造模式，即如何使得这些商业模式在集群内叠加产生化学反应，从而打造新的商业模式。

5.3.4　产业面合并融合：资本导向

无论媒介融合还是产业融合都会牵涉两个核心命题：

一是融合进程的问题，即"你是你，我是我（离散）→你中有我，我中有你（合作）→你就是我，我就是你（融合）"，对基地集群来说就是如何实现"聚合→融合"的问题。

二是融合规模问题，即大融合、中融合和小融合。以媒体融合为例，大融合就是《人民日报》"中央厨房"融合几十个亿的规模，中融合就是很多省市电视台、报纸正在进行的以新闻中心为抓手规模在1亿元左右的融合，小融合主要就是一些报网台播所进行的以客户端为中心的几百万元甚至更小量级的融合。由此可见，上述产业内延伸、产业间跨界、产业体共生等三种融合方式是一类利益、跨界、盈利的合作融合。产业融合的另一类融合就是合并融合，这种融合更多是借助兼并、重组、参控股等资本手段进行融合，它可能是实体、有形的新企业，也可能是一个虚拟企业。

一般产业运营的手段主要包括两种：一是偏重于实体的产业经营；二是偏重于虚体资本的产业金融。相对于合作融合中偏重于实体合作，这种产业合并融合更多使用的是一种侧重于虚拟的产业金融手段，注重的是资本运作。比如美国培生教育集团收购了远程教育的电子大学网站，其目的就是要把教育做到网络领域，拓展教育的功能与场景。2006年培生教育集团先后收购了苹果公司的"Power School 网络教育软件"和"Chancery 学生信息软件公司"，由此可以看出培生教育集团的数字出版产业链布局战略，即实现"内容制作→销售平台→终端设备"三位一体的产业链延伸融合。[83]

5.4 组织协同融合：柔性与混合

5.4.1 集群自组织融合：组织柔性增加

在现代集群产业中，由于产业间以及产业内部有着多样化的复杂竞争合作关系，政府、入驻企业、中介组织等多个主体组织内与组织间，彼此协同并由此形成紧密联系的组织网络。比如，在一些跨界性产业或者交叉行业中，产业间的边界日渐模糊，技术间逐渐相互主导，产业间交集越来越多。

因此，两个或多个产业之间形成了共同的技术和市场基础，以往分处不同行业的企业得以在共同的技术和市场基础之上寻求交叉产品、交叉平台以及收益共享的交叉部门，从而导致以往独立的各个产业链产生交集，并互相缠绕，使得业务活动有越来越强的相关性，产业链逐渐演化为价值网[84]。由此，基地集群内政府、入驻企业、中介组织等多个主体之间的组织柔性不断增加，产业融合便在这一协同价值网络形成过程中产生，进而形成了基地集群的自组织。具体地说，基地集群自组织中产业内外交叉所形成的节点就是产业融合的对接处与发生点，众多的内外叠加所形成的彼此有着联系的多个节点就构成了产业的空间融合网络。

5.4.2 产业组织融合：混合一体化组织形成

产业组织是基地集群组织中最核心也是最关键的组织，其中基地集群数字出版产业组织融合要分两步实现：

第一步是集群内数字出版产业链融合，这是一种单维纵向的线性延伸，即前述技术开发商、内容集成商、渠道提供商、平台运营商、终端生产商、版权增值服务商等"六商"融合。

第二步是产业内外、与他产业等不同产业链之间多维非线性交叉、叠加，推动集群产业网络组织的形成。此种情况下，基地集群形成了一个自组织系统，结合网络组织的构成及其特征，这种集群自组织网络系统主要由行为主体、活动和资源三个方面要素构成并确保系统的运行：行为主体包括个人、企业、企业群、政府、中介机构、行业协会、教育培训机构等；网络的活动包括网络中行为主体内部知识、信息等的传递活动、企业外部的交易活动以及生产要素的流动等活动；资源包括物质资源、知识和人际关系等[85]。

在政府、入驻企业、中介组织等叠加基础上形成的多主体基地集群数字出版产业组织网络融合，需要的不仅是产业的简单延伸和叠加，而是基地集群所有组织、各类要素等融合形成自组织中的不同子系统，并分担着不同的系统功能和任务，以促进集群系统的优化和升级。而该混成系统在面向集群外部产业生态系统融合过程中，基地集群企业或产业组织不断分离重构与融合创新：一是价值链分工分解出新产业组织；二是产业融合形成新产业组织；三是产业模块化分工合作推进了产业组织专业化与集成化（冯海红，王胜光，2008）；[86] 四是网络平台化运行形成了新的虚拟一体化平台组织。其中的核心就是，基地集群产业组织融合过程中，逐渐推动形成了集群内外部的混合一体化组织。

5.5 外部环境牵引融合：诱致与强制

产业环境指的是在同一产业内所有组织都会发生作用或产生影响的环境要素的综合或集合，需要指出的是，它只对在某一产业内的企业及与该产业有着业务关系的关联企业发生作用①。产业环境是基地集群数字出版产业融合成长的外部助推。结合相关研究可见，其基于 PEST 宏观分析的框架外部化产业环境应该包括法律与政治环境、经济与信息环境、社会与人文环境、技术与产业环境等四大环境，有学者（肖岚，2011）进行了嵌入分析如图 5-2 所示：

---

① 百科名片.产业环境[EB/OL]. https://baike.baidu.com/item/%E4%BA%A7%E4%B8%9A%E7%8E%AF%E5%A2%83/7393296?fr=aladdin.

政治与法律环境	经济与信息环境
数字出版概念的形成 国家及地方政府的积极推动 知识产权法律的完备	后现代经济的出现 体验经济的兴起 信息化与网络化
社会与人文环境 数字出版基地集群的出现 用户参与	技术与产业环境 第一阶段：数字技术主导的技术融合 第二阶段：互联网技术主导的媒介融合 第三阶段：宽带和移动技术主导的产业融合

中间：基地集群数字出版产业融合成长

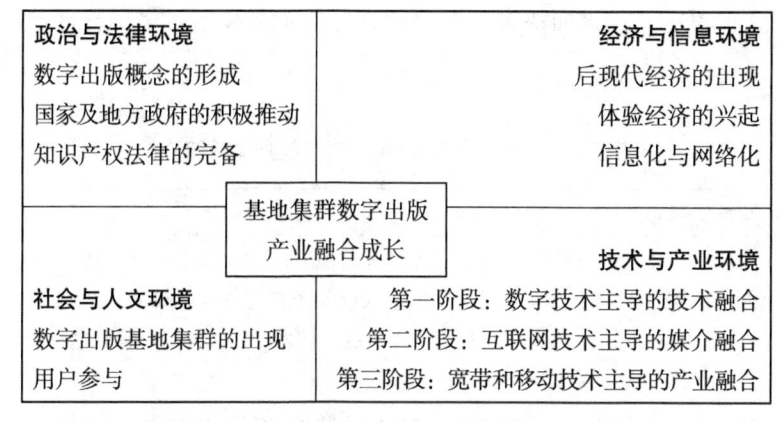

图 5-2 基地集群数字出版产业融合成长 PEST 分析 [①]

观测图 5-2 并与现实对照，可见推动基地集群数字出版产业融合的外部环境主要是两个方面。

5.5.1 政策环境助推

国内外集群发展的实践表明，政府政策的支持力度对产业融合的发展和产业集群的升级有着重要意义。产业政策环境是集群外部化融合成长的有力助推。从目前国家和地方政府对数字出版产业基地的政策扶持来看，主要涉及的就是前面列举的财税优惠政策、贸易保护政策、进口保护政策和出口支持政策、金融支持政策、知识产权保护政策、人才队伍建设政策、市场综合执法政策、消费引导政策、政府服务管理政策、地理区位政策等方面，比如 2017 年 12 月，中共上海市委、上海市人民

[①] 资料来源：肖岚.创意产业融合成长的动力机制及其自组织创新模式研究 [D]. 东华大学，2011（12）：48-51.（作者做了针对性的调整和改动）

政府颁发《关于加快本市文化创意产业创新发展的若干意见》，被称为"上海文创50条"，具体如表5-3所示：

表5-3 "上海文创50条"政策扶持体系细分

政策类别	扶持内容
财税优惠政策	发挥市级宣传文化专项资金、市服务业发展引导资金等专项资金的引导与杠杆作用；试点开展文化创意领域高新技术企业、技术先进型服务企业认定，依此减按15%的税率征收企业所得税等
贸易政策	落实自贸试验区有关进口税收政策，对区内注册的文化创意企业进口自用设备属于目录范围内的，享受免征关税、进口环节增值税等相关优惠
金融支持政策	发挥产业基金撬动放大效应、构建文化创意投融资体系；完善文化创意产业"补、贷、投、保"联动机制，鼓励和引导社会资本进入文化创意产业
知识产权保护政策	建立知识产权侵权查处快速反应机制，推进知识产权民事、行政、刑事"三合一"审判机制，积极发挥上海知识产权法院作用
市场综合执法政策	创新文化市场监管方式，全面落实行政执法责任制，建立健全文化市场信用体系；规范收费行为
消费引导政策	优化文化消费条件，推动文化元素融入商业业态，鼓励把文化消费嵌入各类消费场所等；营造文化消费环境，完善公益性专场演出、营业性演出低价票及学生公益票等补贴政策，多渠道鼓励市民文化消费，构建社会、企业、市民、政府"四位一体"的文化惠民新模式
人才队伍建设政策	大力集聚海内外优秀人才：加大文化创意人才引进力度，落实海外高层次文化创意人才引进政策；优化人才培养和激励机制

续表

政府服务管理政策	推进"放管服"改革提升政府服务文化创意企业水平。成立上海市文化创意产业促进会,健全协调沟通机制和专业服务体系
地理区位政策	加强建设用地保障,优先保障新增文化创意产业项目土地供应;落实土地处置和建设保障政策

"上海文创50条"对整个上海市包括国家数字出版基地等文创企事业单位是一个非常大的政策红包,深受文创企业主的欢迎①。这一政策财税优惠、贸易、知识产权保护等9大维度50条项,覆盖了包含国家数字出版基地集群在内的文创产业的立体化政策支撑。

"上海文创50条"成为一段时期内上海文化创意产业发展的纲领性文件:2020年11月25日,上海市发布"十四五规划的建议"②,着重提出产业的"高端、数字、融合、集群、品牌"发展方针;并在"健全现代文创产业体系"提出要继续深入落实"(2017年)上海文创50条"。[87] 从中可以看出,2017年的

---

① 据《第一财经》"百家号"转引的消息称,资深电影人、UME影院管理集团董事长吴思远刚看到文创50条时非常激动,"差点要下来跪拜,要哭"。希望文创50条能真正落地,鼓励培养年轻人发挥创意,投入到文创事业,扶持中小文创企业发展。

资料来源:百家号.企业负责人谈上海文创50条:非常激动,差点要哭 [EB/OL]. http://baijiahao.baidu.com/s?id=1589637223867744268&wfr=spider&for=pc,2018-01-15.

② 全称为《关于制定上海市国民经济和社会发展第十四个五年规划和二〇三五年远景目标的建议》。

"上海文创50条"仍然会是上海市"十四五"文创产业发展的纲领性文件。

5.5.2 市场环境拉动

数字出版产业快速发展、多种新型数字产品的出现、渠道和平台的建设以及终端生产的扩展等都依赖于市场环境建设，属于市场需求的拉动效应。外部化融合成长的市场环境因素包括：

一是市场政策支持与管制放松。这里的市场政策不同于上述外部化成长的政策环境，外部化成长的政策环境是针对各数字出版产业基地的政策扶植，而这里提及的市场政策是国家及各级地方政府对于整个新闻出版产业市场的整体政策规划与管制放松，是开发数字化出版产业这一新的经济增长点的重要举措。

二是外部广阔的市场空间及其用户数字出版需求多样化的市场消费特征。我国拥有庞大的网民、手机用户等数字出版消费群体，数字阅读、数字娱乐、数字教育等越来越成为诸多用户的共性需求。外部市场的政策支持和管制放松、巨大的市场空间以及用户数字出版需求多样化的市场消费特征，促进了集群内数字出版产业的融合发展。

在环境引导融合过程主要有两种手段，即诱致和强制。通过政策环境引导和市场环境拉动两个方面的分析，研究发现数字出版基地集群建设初期，政府和集群组织作为政策和市场环境的塑造者，更多采用的是诱致的手段，形成了一种孵化、培育、引导的政策空间。

5.6 "走出去"跨域产业融合：战略与渠道

2003年，全国新闻出版局长会议上首次提出了我国新闻出版业的"走出去"战略和精品战略、集约化战略、科技兴业战略、人才战略等五大战略[88]，截至目前打开了190多个国家和地区的出版物市场，其中版权输出和引进品种比例从2003年的1∶8.3提高到2017年的1∶1.3，我国出版业"走出去"跨域融合实施效果显著。需要指出的是，在数字出版产业发展的早期，由于技术创新不够、知识产权、盈利模式不成熟等问题，我国数字出版"走出去"遇到了很多困难。基地集群出版业的这种"走出去"跨域融合不仅包含着地理上的跨域融合，还包含着基地集群产业上的价值链拓展。

5.6.1 "走出去"战略与跨域产业融合建设框架

一、主体培育与跨域融合渠道不断拓展

新闻出版特别是大型出版传媒集团、产业集群是我国实施文化"走出去"着力培养的主要产业主体。近几年，出版传媒集团、出版产业集群在国际合作中，不断积累经验，扩大合作领域，通过合资、合作出版、版权代理等多种方式逐步提升跨域融合水平。这里之所以把出版传媒集团、出版产业集群放在一起来谈，一方面出版产业集中化发展的主要抓手就是集团化与集群化发展两种方式；另一方面，在一些出版产业集群（园

区）建设中，其中一个主体就是各地的出版传媒集团，比如中南出版传媒集团参与的中南国家数字出版基地、青岛出版集团参与的青岛国家数字出版基地等。由于前述数字出版"走出去"的几个难题，出版传媒集团在"走出去"上要领先于包括国家数字出版基地在内的出版产业集群（园区）。比如，以凤凰出版传媒集团等为代表的出版传媒集团在国际出版市场的突出作用日渐显现，跨域融合渠道不断拓展：在输出区域上，由过去以亚太地区和国家为中心，发展为现在开始向欧美等发达国家输出；在产品类型上，由过去集中于中医中药、少儿、古代文化艺术等，向反映当代中国政治、经济、社会、教育、生活、思想成果等出版物转变；在输出形式上，由过去单一的图书版权许可模式，发展成为有图书版权许可、杂志使用许可、简体翻译委托代理繁体使用、定向出版等版权输出的"组合模式"[89]。

但是，作为新型出版的代表以及境外新媒体市场的需求，数字出版必须"走出去"，而作为数字出版的集中地国家数字出版基地必须有担当、有作为，要突破技术创新、知识产权和盈利模式等难题，使得我国尽快由传统出版"走出去"转向新型数字出版"走出去"。比如，北京国家数字出版基地的一个重要战略目标就是，打造国家级的文化产业自由贸易区，成为国内文化传媒企业"走出去"和国外企业"走进来"的枢纽。

二、跨域融合平台建设与项目驱动

当前，我国已搭建了推介平台、信息服务平台、"走出去"人才培养平台三个走出去跨域融合平台，如表5-4所示，实施了包括经典中国国际出版工程、中国图书对外推广计划、中国出版物跨域融合渠道拓展工程、重点新闻出版企业海外发展扶持计划、边疆新闻出版业"走出去"扶持计划等一系列"走出去"重点工程及项目[90]，有效地驱动了新闻出版产业"走出去"及跨域融合渠道拓展，提高了其参与国际市场竞争的积极性和能力。

表5-4 我国出版产业跨域融合平台建设及成果

平台	主要建设方式	成果
推介平台	举办或参加法兰克福图书博览会，北京国际图书博览会等书展	了解国际出版动态，中国出版产品的品牌国际知名度得到提高，市场份额扩大，出版刊物开始进入欧美主流市场
信息服务平台	构建国际新闻出版资讯库、版权交易信息库、重点项目库、中外作家库、翻译人才库这五大主体信息服务平台	国内出版企业获得了包括市场供求、政策咨询、翻译服务、版权贸易和法律服务在内的全方位服务
人才培养平台	"走出去"专门人才培训，举办国际高层出版论坛，与国外重要出版传媒集团和相关高等院校合作培养版权贸易人才、翻译人才、外向型经营管理人才	由专业国际机构、专业人员专职负责各出版集团以及大规模出版单位的出版产品跨域融合工作，专业人员参加重要国际书展

资料来源：国家新闻出版总署.关于加快我国新闻出版业走出去的若干意见（摘登）[N].中国新闻出版报，2012-01-10（3）.

三、加大了政策扶持和制度供给

政策推动是新闻出版产业"走出去"的主导性动力。新闻出版产业国际化战略实施伊始，新闻出版业就已经确立了"政府主导、企业为主体、市场化运作"的运行机制，并不断地拓

宽新闻出版产业进入国际市场的政策通道,具体如表 5-5 所示:

表 5-5　2003—2017 年我国出版产业"走出去"扶持政策

年份	政策或活动名称	扶持内容
2003	全国新闻出版局长会议	确定将新闻出版产业推进国际市场目标
2004	中国图书对外推广计划	给予入选的出口图书翻译费资助
2005	关于进一步加强和改进文化产品和服务出口工作的意见	从国家层面支持文化产品和服务出口,且重点是发展新闻出版企业国际化,标志我国文化产业发展战略开始关注国内、国际两个市场。
2006	中国图书对外推广计划	国务院新闻办公室和国家新闻出版总署联合成立"推广计划"工作小组
2007	"八项优惠政策"	出版产业"走出去"项目所需要的书号不限量、支持重点出版企业申办出口权等措施
2009	"经典中国"国际出版工程	新闻出版总署为鼓励和支持适合国外市场需求的外向型优秀图书选题的出版,重点资助《中国学术名著系列》和《名家名译系列》图书
2011	新闻出版业"十二五"时期"走出去"发展规划	明确新闻出版产业国际化发展的总体思路、具体目标和任务
2012	关于加快我国新闻出版业"走出去"的若干意见	退税、免征营业税、资助、补助、奖励、信贷等税收、财政、金融支持
2013	国家提出"一带一路"倡议	文化"走出去"是"一带一路"倡议重要项目之一。2014 年 12 月,"丝路书香工程"是出版业唯一进入国家"一带一路"倡议的重大项目。

续表

年份	政策或活动名称	扶持内容
2014	关于加快发展对外文化贸易的意见	建立健全行业中介组织，发挥其在出口促进、行业自律、国际交流等方面的作用
2014	深化新闻出版体制改革实施方案	重点支持主题出版、精品力作生产和新闻出版"走出去"，为配合"丝绸之路经济带""21世纪海上丝绸之路"建设，大力实施"丝路书香工程"，这一工程2014—2015年重点项目包括5大类8项，涵盖重点翻译资助项目、丝路国家图书互译项目、汉语教材推广项目、境外参展项目、出版物数据库推广项目等
2017	新闻出版广播影视"十三五"发展规划	鼓励通过合资、合作、参股等方式在外办出版社、合作出版图书等，开拓国际市场；加强对外推介平台建设，支持各类机构和企业参加国际图书和影视节展；加强与国外作家、汉学家、翻译家、出版家的合作，实施外国人写作中国计划和国外译者、作者、出版人发展计划；积极支持新闻出版企业充分依托自贸区的有关政策"走出去"等

5.6.2 基地集群数字产业跨域融合渠道拓展

一、出版物出口渠道拓展

出版物出口渠道以是否存在中间商分为直接出口和间接出口。目前，国际书展平台、国家对外图书推广计划和国外自建企业是我国出版物主要直接出口渠道；而国内外贸公司、国外代理机构和国外合作企业则形成了其间接出口渠道。在间接出口中，凭借着中间商丰富的市场经验及成熟的销售渠道，出版企业大大提升了营销成效，但会因中间商代理而出现增加成本及品牌维护危机。因此，我国新闻出版企业可以在跨域融合渠道上找出直接出口与间接出口的契合点，改变单一的借助直接或间接出口渠道的状况，创新一种涵盖两者的融合营销方式；同时，国内出版物间接出口渠道拓展可将中介或代理机构推进国际市场，建立跨国分销机构并促使出版物直接出口和间接出口的优势互补，最大限度地扩大出口渠道。

经过几年发展，前述中国出版物跨域融合渠道拓展工程建设为出版物出口渠道拓展带来了显著成效，其在国际市场的立体营销网络也已基本成型，如表5-6统计。

表 5-6 中国出版物跨域融合渠道拓展工程及成效[1]

项目名称	建设方式	成效
国际主流营销渠道合作计划	跨国分销，借力零售巨头进行配送、网络销售	我国新闻出版产品渐入使用世界主要语言国家的主流市场
全球百家华文书店中国图书联展	由中国国际图书贸易总公司和全国地方出版对外贸易公司联合体共同承办，联合100家华文书店，举办中文图书联展	整合海外华文图书渠道资源，形成中文图书海外销售的网点布局，扩大了中文图书出口量和重点图书海外销售量，海外华人华侨和读中文的外国人读到了内容丰富的最新中文图书
跨国网络书店培育计划	扶持国内知名网络书店的国际销售并与亚马逊等国际著名销售网站开展深度合作	中国图书海外品牌得到推广，面向海外非华人销售窗口已经开通，出版物国际销售量增加，境外仓储物流基本形成

[1] 资料来源：王玉梅.中国出版物跨域融合渠道拓展工程两项目开始实施[EB/OL]. http://stock.sohu.com/20101210/n278232076.shtml，2010-12-10.

二、版权输出渠道拓展

版权出口是我国新闻出版产业跨域融合的重要渠道之一，版权输出是基地集群数字出版"走出去"的优先选择。

（一）优化版权输出产品及区域结构，重视数字版权输出

长期以来，我国版权贸易一直处于逆差状态，并被三个问题困扰：第一，图书版权输出类型失衡，尤其是自然科技类、人文社科类和小语种版权输出较少；第二，区域结构不合理，输出区域主要集中在有着一定文化相似性的亚太地区；第三，代表着出版创新的新型数字版权输出稀少，当前，数字版权贸易正成为欧美等出版巨头的热点项目，而我国的数字版权输出则极少。因此，未来我国新闻出版国际版权营销要细分国际读者市场，克服语言障碍，增强版权输出的接近性；提高科技实力，扩大科技类书刊版权输出的市场份额；加大面向欧美市场的版权输出力度；提升版权的高新技术含量以开拓数字版权输出渠道。

（二）借道国内外版权代理机构

近几年，国内外版权代理机构由于其专业化的版权运营及优质服务而发展迅速，尤其是境外专业版权代理机构通过构筑有效畅通、反应迅速的销售渠道和本土化特色，使得海内外出版社、私人版权代理人以及作者非常重视和信任与他们的合作，作者与出版社能够顺利地沟通、互动，更加了解出版社和出版市场，迅速达到出版的目的[91]。因此，要重视国际、国内两类版权代理机构在版权输出上的跨域融合渠道拓展：一方面，加

强与国外专业版权代理机构的合作，实现版权跨域融合的"借船出海"；另一方面，借助联合、重组、并购等方式，培育与发展壮大国内版权代理机构，推动其走出去以提高国际竞争力。

三、海外业务合作渠道拓展

由于不同国家、地区的思想观念与文化背景差异，国际市场对出版产品的需要也不同，国内新闻出版企业为降低国际市场进入壁垒及风险而选择与目标国出版企业开展业务合作，其主要集中在内容加工与品牌延伸两个方面：一方面是内容合作，国外出版企业接收国内出版企业供应的内容原料后，按照目标市场读者的文化需求、阅读偏好、语言习惯等进行加工，在完成翻译、组稿、编排和装帧等一系列生产加工环节以后，最后完成国际销售；另一方面是品牌合作，出版企业对合作的国外出版企业实行品牌委托代理或特许经营，国外出版企业再以目标消费者的需要进行品牌延伸及衍生品开发、生产和销售。

四、企业资本输出渠道拓展

基地集群数字出版产业国际市场资本输出渠道主要有两种：新建式和并购式。

（一）新建式资本输出渠道

新建式资本输出有两种方式：新建海外分支机构和绿地投资（是指跨国公司等投资主体在东道国境内依照东道国的法律设置的部分或全部资产所有权归外国投资所有的企业）[92]。新建海外分支机构主要是跨国新建出版社或销售点，因其是一种需要大量前期资金投入的对外资本输出方式，一般适用于实力雄厚的大型出版传媒集团。近几年，一些实力较强的出版企业通过这种方式参与国际竞争时，经常会因缺乏运作经验和输入国金融政策限制等问题而遭遇损失，增加了投资风险。因此，绿地投资是受到国内新闻出版企业青睐的资本输出方式，它主要有独资和合资两种形式，其中合资又是一种较为保险的投资方式。

（二）并购式资本输出渠道

我国新闻出版产业通常采用的并购式资本输出的形式就是跨国并购，并以兼并、收购、参股、控股等形式进行资本输出。最近几年，国内出版企业呈现出初始以参股、控股的方式与国外出版企业合作运营，并逐渐并购的倾向。虽然通过参、控股的方式进行并购所需要的时间跨度大，但也正因为周期较长，给予了国内企业较为深入了解被并购的企业内部情况及外部环境的时间，从而降低了企业并购风险。

五、网络营销渠道拓展

随着互联网的革命性发展，网络销售正成为新闻出版产业跨域融合的新型渠道，其又以网上书店经营形式为主。实践证明，通过网上建设国内外销售渠道节约了运送成本，增加了销售效益。目前，国内网上书店主要有四类：①传统书店设立，如新华书店网上商城；②出版社（集团）建立，如四川人民出版社网上书店（慧新源）；③书商及外贸公司设立主要对外图书直销通道，如中国出版对外贸易总公司与美国亚太网络公司合作创办的中国现代书店（亚太网络）；④电商图书销售板块，如当当网、亚马逊中国、淘宝网、京东商城等[93][94]。尤其③④已是我国新闻出版产业跨域融合的重要网络渠道。如表5-6所述，我国出版物跨域融合渠道拓展工程之一就是实施"跨国网络书店培育计划"。

5.7　本章小结

本章研究技术驱动与嵌入集群内数字出版产业融合模式。研究以"技术驱动→内部融合→外部融合→空间网络融合"为技术路线，立体化解析了技术驱动与嵌入集群内数字出版产业融合的6大模式，并从基地集群入驻企业引导、竞争秩序建立、产业融合壁垒突破、产业链延伸与跨界、自组织建设等方面提出了政策建议，具体如下：

首先，打造入驻企业核心竞争力，引导重点企业、项目发展。基地集群数字出版产业应当积极扶持和保护龙头企业的发展，推动重点项目和工程建设，加强大企业带动中小型企业的融合发展。入驻企业应当找准自身定位，利用并集中各种软硬件资源，以有效的分工协作方式，打造出具有核心竞争力的数字出版产品。

其次，构建健康有序的集群竞争合作机制和多边利益共商机制，推动集群发展的良性竞争与合作。利益和资本是产业集群、产业融合的纽带，竞争因此不可避免地存在。而在产业融合的过程中，应当建立良性的竞争合作机制和多边利益共商机制，加强对产业竞争的规范引导，促进以合作为基础、竞争为动力的产业竞合升级。

第三，以市场为导向，不断打破产业融合壁垒。市场需求是产业融合的核心动力，对于企业正常运营和发展壮大至关重要。在数字出版基地集群，要以市场为导向，降低或者打破阻碍相关产业融合的壁垒，为产业发展增添活力和动力。

第四，优化集群内数字出版产业链延伸和跨界，促进集群产业链的融合发展。推动以技术开发商、内容集成商、渠道提供商、平台运营商、终端生产商、版权增值服务商等"六商"为基础的数字出版产业链的建设和延伸，优化各级产业链之间的协作与融合。

第五，优化集群内数字出版产业内外交互、叠加发展，推动产业网络融合发展。加强数字出版产业基地集群自组织建设，推进集群内政府、企业、研发机构、中介组织、行业协会等多主体协作，促进集群系统的良性循环与优化升级。

第六，提升和推动"走出去"跨域融合实效。

（1）善布局、优化运行机制与产业跨域融合渠道拓展的制度帮扶。统筹规划并重点引导新闻出版产业国际销售市场布局，以亚太地区为基础，重点开发和推进欧美市场建设。形成以政府为主导，以企业为主体的市场运行机制，按照不同国家、地区的文化背景及需求差异，采取差异化跨域融合策略，以提高现有"走出去"大型出版传媒集团国际市场占有率和品牌知名度为重点，着力打造其国际竞争力。继续加大新闻出版产业跨域融合渠道拓展的制度供给,发挥政策引导、激励和保障作用。

(2)创新新闻出版产业资本输出及跨域融合方式。创新新闻出版产业跨域融合过程和并购式投资模式,实现合理规划与风险控制。探求与国际出版机构及版权代理机构面向海外市场合作出版的有效方式,培育海外出版战略合作伙伴,共同投资、共享收益、共担风险、务实合作,并在新闻出版的选题策划、生产、发行和销售等环节实现深度合作和信息共享,学习国际出版市场的成功营销模式和经验,提高我国新闻出版产业国际市场的投资效率。

(3)技术驱动与实现跨域融合的新型出版产业链条延伸。发展数字出版及其跨域融合平台,提高产品的技术水平,推动电子图书、数字期刊、互联网出版、手机出版等数字出版产品走入国际市场,不断延伸以内容集成商、技术开发商、渠道供应商、平台运营商以及终端市场运营商和版权增值服务商等"六商"所构成的跨域融合新闻出版产业链条。以高新技术为驱动,提高新闻出版产品的国际竞争力,拓展新闻出版产业的国际网络销售渠道,实现我国新闻出版产业的国际品牌建立及延伸。

第六章　实证验证：基地集群数字出版产业融合绩效

学界对产业融合绩效的测度一般会借助于社会网络分析（SNA）、产业集中度（CR_n，HHI）、产业内贸易指数（RTA）等方法来进行实证研究。基于数据的可获取性，本研究采用产业组织理论中经典的SCP分析框架来研究技术驱动与嵌入集群内数字出版产业融合绩效，即结构（S）–行为（C）–绩效（P）经典分析框架。

6.1　基地集群数字出版产业融合市场结构

6.1.1　市场集中度

市场集中度是测量市场结构的决定性因素，它主要反映的是市场竞争和垄断程度，常用的计量指标主要包括CR_n指数和赫芬达尔指数（HHI）、洛伦兹曲线、基尼系数、逆指数和熵指数等。本研究选用学界常用来进行反垄断经济分析的两个指标进行数字出版基地集群市场集中度测量，即市场集中度的CR_n指数和赫芬达尔指数（HHI）。

一是市场绝对集中指数（CR_n 指数）。它通常反映的是某产业中几家领先大企业的有关数值（本研究取全年营业收入）占整个行业中的比重，一般行业取前四、前八企业作为测量，（CR_4）与（CR_8）指数，计算公式如下：

$$CR_n = \sum_{i=1}^{n} x_i / \sum_{i=1}^{m} x_i \qquad (式6-1)$$

式 6-1 中，x_i 是指居于产业内第 i 个企业的相关数据；n 为要计算的企业的数目；m 表示产业内全部企业的数目，2011—2016 年出版基地及全国数字出版营业收入如表 6-1（下页）：

由式 6-1 和表 6-1 数据计算出前四基地集群的市场集中度 CR_4 和前八基地集群的集中度 CR_8，其结果如表 6-2：

表 6-2　2011—2016 年出版基地 CR_n 指数（单位：%）

年份	CR_4	CR_8
2011	27.67	—
2012	27.22	32.24
2013	25.53	34.10
2014	22.76	30.40
2015	21.74	29.06
2016	19.06	25.61

根据贝恩的市场竞争结构分类体系[95]，通过分析表 6-2 的数据，可以得出我国数字出版基地集群 $CR_4 < 30$，

第六章 实证验证：基地集群数字出版产业融合绩效

表 6-1　2011—2016 年出版基地及全国数字出版营业收入（单位：亿元）

基地＼营收	上海	广东	江苏	杭州	中南	西安	重庆	天津	华中	安徽	海峡	青岛	江西	北京	全国数字出版营收
2011	150	—	93.80	80.49	56.91	23.11	8.28	6.94	—	—	—	—	—	—	1377.88
2012	200	130	128.24	68.76	56.22	30.17	7.23	3.42	0.68	—	—	—	—	—	1935.49
2013	250	140.4	176.41	75.24	55.97	47.78	38.81	35.21	0.88	81.73	—	—	—	—	2540.4
2014	280	168.25	227.10	84.25	58.77	65.22	50.45	33.08	0.97	95.85	28.38	26.41	—	—	3387.7
2015	332.10	190.01	267.18	91.68	62.32	93.38	63.92	73.61	1.82	168.04	32.78	28.82	47.01	0.16	4403.9
2016	408	233.85	255.67	101.58	67.31	113.26	62.61	81.78	21.53	193.15	33.4	78.08	55.47	0.23	5720.9

数据来源：国家新闻出版（总）署／中国新闻出版研究院《2011—2016 年新闻出版产业分析报告》。（注：如前述，截至目前，新闻出版署《新闻出版产业分析报告》只公布了 2011—2016 年个体基地的营收情况；2017、2018 年公布基地（园区）营收信息；2019 年只公布了 11 家国家数字出版基地的总体营收数据，没有公布个体基地的营收数据。）

$20 \leqslant CR_8 < 40$，属于低集中竞争型，产业集中度不高，集群内入驻企业还处于低水平的竞争状态。从 2011—2016 年指数变动来看，和指数值相对平稳，并有提升态势，集群内数字出版产业仍需重点扶持和培育，以提供产业集中度，促进其跨越式发展。

二是赫芬达尔指数（HHI）。HHI 指数反映的某行业垄断情况，一般借助企业的相关指标与产业总量的比例的平方和计算，公式为：

$$HHI = \sum_{i=1}^{m}(X_i/X)^2, i=1,2,\cdots,m \quad \text{(式 6-2)}$$

式 6-2 中，m 为产业中的企业数量，x_i 是指居于产业内第 i 位企业的相关指标，X 是指产业的总量指标。若按实际数值算，HHI 指数介于 0 与 1 之间；若按百分比算，HHI 指数介于 0 与 10000 之间。当 HHI 指数越接近 0，竞争程度越大；反之，垄断程度越大。N=1/HHI，是一个当量值，反映规模相等的企业数量。根据美国政策实践运用的标准，如果 HHI ≥ 1800，该企业属于高度集中的产业；如果 1000 < HHI < 1800，该产业属于适度集中的产业；如果 HHI ≤ 1000，则该产业属于集中程度低的产业[96]。

根据式 6-2 和表 6-1 的数据，可以计算得出 2011—2016 年国家数字出版基地 HHI 指数和当量值 N 及其变化情况，具体如图 6-1 所示：

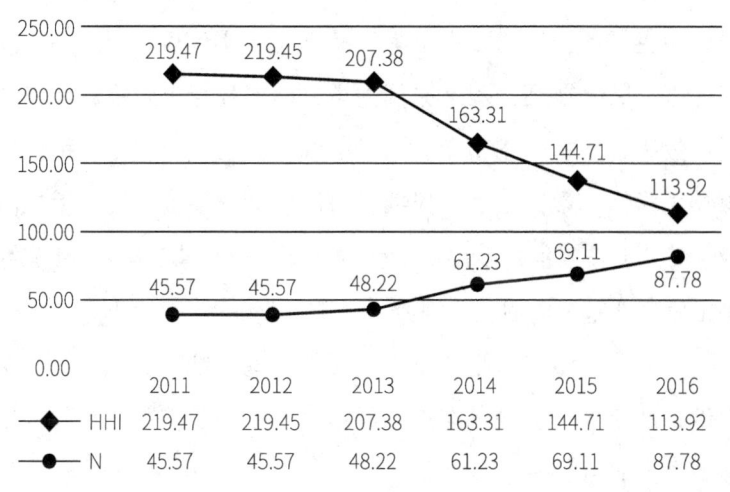

| 第六章　实证验证：基地集群数字出版产业融合绩效 | 167

```
250.00
        219.47   219.45
200.00                   207.38
                                  163.31
150.00                                    144.71
                                                  113.92
100.00                            61.23   69.11
                                                  87.78
 50.00  45.57    45.57   48.22
  0.00
        2011     2012    2013    2014     2015    2016
  ◆ HHI 219.47  219.45  207.38  163.31   144.71  113.92
  ● N   45.57   45.57   48.22   61.23    69.11   87.78
```

图 6-1　2011—2016 年国家数字出版基地 HHI 指数和当量值 N 的值及其变化

由图 6-1 可见，2011—2016 年国家数字出版基地 HHI 指数呈下跌趋势，而且每一年的值均在 1000 以下，产业集中度比较低，其中一个原因是后建的几个基地数据贡献过少，拉低整体值；另外当量值 N 的数据呈上升趋势，说明规模相等的企业数量在不断增加，因为 HHI 指数大小与企业竞争的激烈程度是反比关系，所以基地集群入驻企业之间的竞争激烈程度呈上升趋势。

6.1.2　产品差异化

2014 年 10 月颁布实施的《国家新闻出版产业基地（园区）管理办法》第二条规定，产业集聚群发展方向是新闻出版创意策划、内容采集加工、产品生产制作、数字内容服务、绿色印刷复制、出版物物流配送、版权交易、进出口贸易等，并以聚集新闻出版企业，及为其提供技术支撑、原料设备供给、行业服务为主任务。目前数字出版产品形态主要包括电子图书、数字报纸、数字期刊、网络原创文学、网络教育出版物、网络地图、数字音乐、网络动漫、网络游戏、数据库出版物、手机出版物（彩信、彩铃、手机报纸、手机期刊、手机小说、手机游戏）等[①]，按当前数字出版产业的主要产品形态，现将14家数字出版产业基地内的产业细分为7个产业群组：

（1）数字阅读产业群组。主要包括电子纸、电子书、数字报纸、数字期刊、数字杂志、网络文学、手机出版、互联网出版、数据库出版等。

（2）数字教育产业群组。主要包括数字教育与培训、电子书包、传统出版企业数字转型孵化等。

（3）数字文创产业群组。主要包括广告、文学、影视、网络视频、数字音乐等。

（4）数字娱乐产业群组。主要包括网络动漫、网络游戏、手机游戏等。

（5）高新技术产业群组。主要包括大数据、区块链、物联网、数据库、数字印刷、云计算等以及相关的新技术设备研发。

（6）版权产业群组。主要版权交易、版权贸易、衍生产品开发等。

（7）数字服务及实业产业群组。主要包括地产、金融、物流、电子商务、公共服务等。

---

① 资料来源：新闻出版总署.关于加快我国数字出版产业发展的若干意见 [EB/OL]. http://www.gapp.gov.cn/news/798/76914.shtml，2010-9-15.

根据上述数字阅读产业群组、数字教育产业群组、数字文创产业群组、数字娱乐产业群组、高新技术产业群组、版权产业群组、数字服务及实业产业群组等7大群组细分，研究进行14家国家数字出版产业基地的产业分类统计，具体细分详见表6-3。

表6-3　14家国家数字出版产业基地主要产业群组涉及与主营业务

基地名称	主要产业群组涉及	主营业务
张江国家数字出版基地	数字阅读、数字娱乐、数字文创、版权产业、数字教育	数字出版、网络游戏、动漫影视、广告、娱乐、网络视听、互联网教育、版权产业
杭州国家数字出版基地	数字阅读、数字娱乐、高新技术、数字文创、数字服务及实业	影视动画、手机出版、数字图书馆、电子商务、数字媒体
江苏国家数字出版基地	数字娱乐、数字阅读、数字教育、高新技术	出版数字化转型、历史文化数字化保护、数字出版公共服务、移动媒体人才培训
安徽国家数字出版基地	数字阅读、数字娱乐、数字教育、数字文创	跨媒体复合出版、按需出版、网络原创文学、网络地图、动漫
海峡国家数字出版基地	数字阅读、数字娱乐、高新技术、版权产业	数字图书报刊、海峡数据库出版、动漫游戏、互联网出版、数字印刷、数字版权
广东国家数字出版基地	数字阅读、数字娱乐、数字教育、高新技术	数字出版、网络杂志、数字教育、网络游戏、智能技术
中南国家数字出版基地	数字教育、数字娱乐、高新技术、数字服务及实业	动漫、网络、科技、游戏、人才培养、体育专项平台

续表

基地名称	主要产业群组涉及	主营业务
华中国家数字出版基地	数字教育、数字娱乐、数字文创、版权产业	知识内容数字产品服务、数字在线教育培训、动漫游戏、网络增值服务、数字出版终端、衍生产品开发
天津国家数字出版基地	数字阅读、高新技术、版权产业、数字服务及实业	云计算、综合数据库、企业孵化、技术研发、数字版权交易、网络出版、服务外包、研发制造
北京国家数字出版基地	数字阅读、数字娱乐、数字教育、数字文创、版权产业	电子图书、数字报刊、数字音乐、数字视频、网游动漫、网络教育
重庆国家数字出版基地	数字阅读、数字娱乐、数字教育、高新技术、版权产业	数字图书、数字报刊、互联网出版、手机出版、数字印刷、网络游戏动漫、数字音乐、数字教育
西安国家数字出版基地	数字阅读、数字娱乐、数字教育、高新技术、数字文创	手机出版、电子书、传统出版数字化、网络动漫、内容原创、技术研发、数字加工、版权运营、终端服务
江西国家数字出版基地	数字阅读、数字娱乐、数字教育、数字服务及实业	数字传媒、动漫游戏、数字内容、手机应用、人才培训
青岛国家数字出版基地	数字阅读、数字娱乐、高新技术、数字教育、数字服务及实业	终端研发生产、传统出版数字化、网络教育培训、动漫游戏产业、网络原创文学、技术研发和公共文化服务

注：表中内容主要通过各数字出版基地网站、相关基地新闻报道等整理所得。

| 第六章　实证验证：基地集群数字出版产业融合绩效 | 171

从表 6-3 中可以得出，14 家数字出版基地中，数字娱乐 13 家、数字阅读 12 家、数字教育 11 家、高新技术 9 家、数字文创 6 家、版权产业 6 家、数字服务及实业 5 家，具体如图 6-2 所示：

类别	数字娱乐	数字阅读	数字教育	高新技术	数字文创	版权产业	数字服务及实业
系列1	13	12	11	9	6	6	5

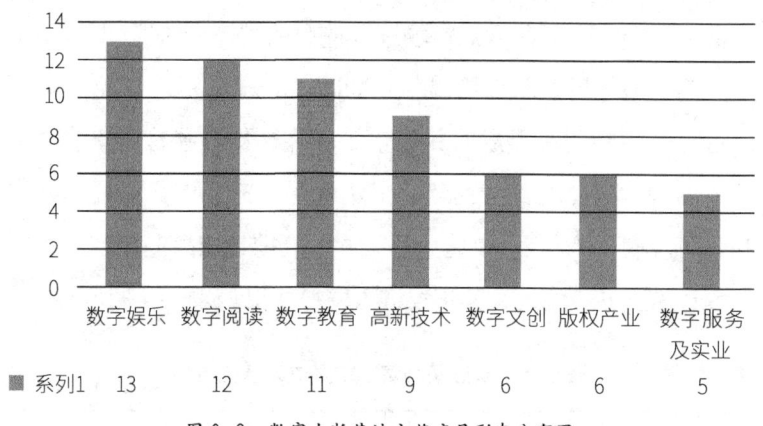

图 6-2　数字出版基地主营产品形态分布图

由图 6-2 可见，14 家国家数字出版基地过多集中于数字娱乐、数字阅读、数字教育，特别是网游动漫、数字阅读、数字教育、数字艺术、数字技术开发等成了各家基地集群的主营产业，其业务同质化现象比较严重，产品差异化较小，从而影响了基地集群的特色建设和入驻企业的核心竞争力提升。

需要指出的是，这种同质化的模仿阶段在集群初创时期是必经路径，其原因在于行业中比如网络动漫、网络游戏、手机游戏等数字娱乐产业的兴起，及数字娱乐产业可盈利性、高附加值等要素的导向。但是基地集群的纵深发展，其产品建设必须由模仿走向创新。实践证明，只有在新的产品领域实现创新与引领，才能不断扩大集群的盈利空间，实现集群创新。

6.1.3 市场进入壁垒

在研究者之前的相关研究中（杨庆国等，2012），研究通过文献整理的方式，梳理并援引了 Fidalgo 等学者从产业结构、战略群组、企业自身角度对市场进入壁垒的"三分法"，即结构壁垒、流动壁垒以及阻隔机制（Isolating Mechanisms，是指企业对所占有的独特资源形成的其他企业不可模仿的独特竞争能力），其中结构性壁垒又细分为绝对成本优势、产品差异、规模经济和政府规制[97][98][99]。以此为框架并结合前述出版基地产业集中度、产品差异等情况，其市场进入壁垒状况如表 6-4 所示。

表 6-4 出版基地集群市场进入壁垒分析

	壁垒类型		壁垒状态	基本依据
国家数字出版基地集群进入壁垒	结构壁垒	绝对成本优势	上升	已有数字出版企业优势与较高的沉淀成本
		产品差异	下降	集群的主营业务同质化严重、产品差异化较小
		规模经济	上升	基地集群运营导致数字出版产业聚集效应及规模效益不断提升
		政府规制	下降	国家及地方政府对数字出版产业及基地建设的扶持力度不断加大
	流动壁垒		上升	数字出版技术及人们对数字出版产品的要求不断变化；对跨地区、跨行业、跨部门、跨媒体、跨所有制的传媒管控体制并未完全放开
	阻隔机制		上升	各基地集群对独特（核心）资源的垄断不断提升

由表 6-4 可见，我国出版基地集群市场进入壁垒较高，但是由于大多数的基地走的仍然是政府驱动模式，而近几年国家和地方政府对数字出版产业及基地建设的大力政策倾斜和产业扶持，再加上 14 家基地低水平的竞争及产品差异小的运行现状，大大降低了市场后入者的进入壁垒和成本。

6.2　基地集群数字出版产业融合市场行为

6.2.1　高新技术主导融合与市场驱动

产业融合的基础在于技术创新与发展。基地集群数字出版产业技术融合表现为一种以云计算、数字内容加工转换技术、多媒体数字技术与纸质印刷出版物相结合的 MPR 技术等高新技术与相关产业主导融合模式。主导融合一般发生于高科技产业和传统产业的产业边界处。在传统产业发展中，产业融合往往涉及层面不深，发生范围较窄。在数字出版产业集群内，部分产业之间存在着共同的技术基础或技术平台。因此，主导与介入式产业融合主要依托高新技术，充分发挥了高新技术强大的主导与介入力和快速的增长性优势，使产业融合范围更广，涉及层面更深，运行效率更高。数字出版企业和传统产业之间通过高科技技术的主导与介入，逐渐形成一种融合型的新兴产业，如数字教育、数字音乐、网络游戏与动漫等。

目前，只有清晰认识到高新技术这种嵌入融合的方式和特点，才能真正提高数字出版集群内产业融合的效能，带动数字出版基地集群诸多业务的发展、产业的升级以及基地的差异化发展。以云计算技术为例，它具有极强的存储能力和数据处理能力。因此，利用统一的信息资源平台，将海量的信息和数据进行云存储并通过编辑、策划等多种方式的处理，就能让受众在短暂的时间内快速分享到想要的信息资源。

当前，人们对数字出版技术、媒介及产业融合的要求也越来越高，如网络游戏、数字阅读、网游动漫、电子书包、电子阅读器等数字出版产业，应当根据受众需要，积极研发高新技术，努力实现产业的技术主导和介入，以高新技术推动媒介和产业融合，满足人们对数字出版产业的新要求。14家国家级数字出版基地集群正为数字出版产业融合提供了基础性物质技术条件，并引导了数字出版产业的技术升级，提高了数字产品及服务质量。

技术创新是信息产业发展的基础，技术融合是产业融合的重要前提和最初引发要素。一方面，技术融合导致原有产业的技术能力整体提升，产品形态得到丰富，产业发展的形式和内容得到扩展；另一方面，技术的交融加速了企业变革，使得企业内外由原本的竞争关系走向竞争与合作关系。在基地集群数字出版产业内，伴随着数字版权保护技术、数字版式技术、数字内容加工转换技术、云计算等高新技术的创新与发展，各种技术之间相互融合、主导，推动了入驻数字出版企业产品及服务的不断升级。

6.2.2　入驻企业业务交叉与市场共生

一方面是市场业务拓展交叉。业务融合是市场（资本）融合的前提条件。当众多企业在一定的区域集群内进行大规模生产、开发活动时，不可避免地会产生各种各样的联系，这些联系包括生产开发过程中的资源与信息共享、产业链上的业务分工与合作、外部交易合作等。在技术创新基础上，集群入驻企业之间的各类业务不断交叉，取长补短共同拓展新业务，有效地促进了集群产业的转型和升级。

另一方面是市场共生融合。技术或业务融合都是以市场（资本）融合为导向。由于市场竞争的激烈和用户对数字产品功能需求的多样化，单个企业已无法完成相关技术开发，这就需要基地集群相关多家数字出版企业通过竞争机制再造，实现在市场中的竞合与共生。以产业融合的方式将作为市场基础的资金、信息、技术、资源等通过业务和市场的重新配置，实现集群内数字出版市场结构及其产品服务的优化升级，并推动集群内出版企业与技术开发商、内容集成商、渠道提供商、平台运营商、终端生产商、版权增值服务商等"六商"的产业链跨界与延伸融合。实践中，已经出现了一些比较成熟的融合方式，如表6-5所示：

表 6–5　数字出版产业链融合方式[1]

案例	Kindle模式	iPad模式	盛大文学模式	Google模式	方正模式	汉王模式	中移动模式
特点	阅读器、内容平台	终端设备、内容平台	内容、终端和版权增值	海量资源网络平台	数字图书B2C	直销、团购模式	无线图书整合发行
"六商"融合方式	内容集成商+终端生产商+版权增值商			内容集成商+平台运营商	内容集成商+技术开发商	渠道提供商+终端生产商	技术开发商+平台运营商

由表 6–5 可见，数字出版产业内容集成商与终端生产商的组合是最受欢迎的产业链融合方式，亚马逊、苹果等企业均在此类融合中获得巨大收益。

6.3　基地集群数字出版产业融合市场绩效

6.3.1　经济规模扩大：基地聚集效应明显

2011—2016 年出版基地经济规模统计，如图 6–3 所示：

---

[1] 资料来源：[1] 杨文轩. 数字出版七大商业模式[N]. 出版商务周报，2010-09-10（10）. [2] 周利荣. 我国数字出版产业链整合模式分析[J]. 出版与发行研究，2010（10）：39-42.

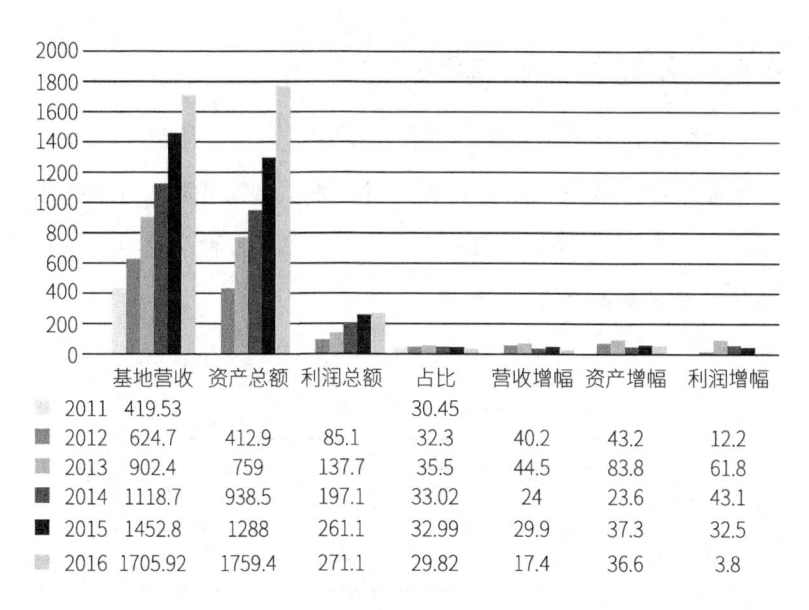

| 第六章　实证验证：基地集群数字出版产业融合绩效 | 177

	基地营收	资产总额	利润总额	占比	营收增幅	资产增幅	利润增幅
2011	419.53			30.45			
2012	624.7	412.9	85.1	32.3	40.2	43.2	12.2
2013	902.4	759	137.7	35.5	44.5	83.8	61.8
2014	1118.7	938.5	197.1	33.02	24	23.6	43.1
2015	1452.8	1288	261.1	32.99	29.9	37.3	32.5
2016	1705.92	1759.4	271.1	29.82	17.4	36.6	3.8

图 6-3　2011—2016 年国家级数字出版基地经济规模（单位：亿元，%）

数据来源：同表 6-1。

由图 6-3 可见，一方面，基地数字出版产业营收、资产总额和利润总额都有着高增幅。2012—2013 年，两年基地营收增幅都在 40% 以上，资产总额年均增幅达 63.5%，利润总额年均增幅达 37%；

另一方面，2011—2016 年基地数字出版产业营收、资产和利润总额接连大幅攀升，尤其是其营收所占全国数字出版营收总额的比例都在 29% 以上，分别为 30.45%、32.3%、35.5%、33.02%、32.99%、29.82%，对数字出版产业经济整体贡献较高，上述两方面数据贡献明显，反映了我国出版基地产业集聚效应正逐步凸显。

6.3.2 区域贡献上升：拉动效应显著

出版基地作为区域内产业集群对地方数字出版经济增长具有显著的拉动效应。以上海张江国家数字出版基地（后简称张江基地）为例，2009—2016年其对上海数字出版产业经济贡献显著，如图6-4所示：

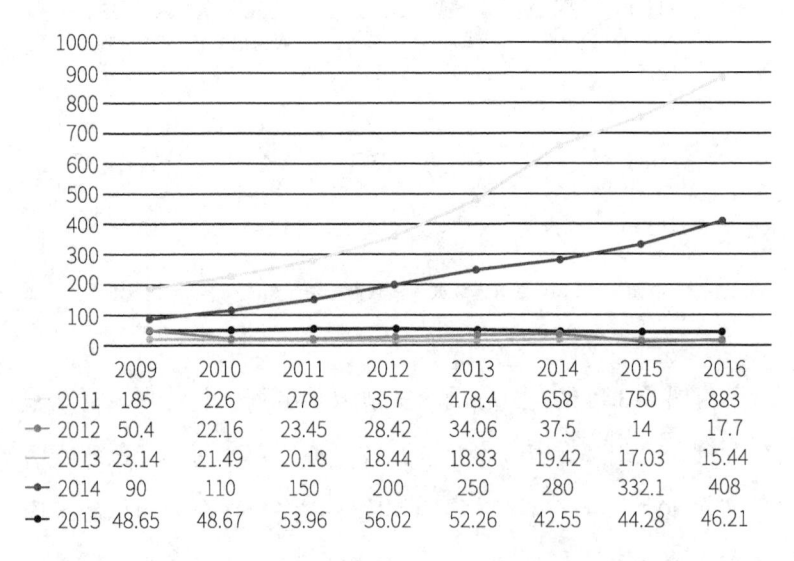

	2009	2010	2011	2012	2013	2014	2015	2016
2011	185	226	278	357	478.4	658	750	883
2012	50.4	22.16	23.45	28.42	34.06	37.5	14	17.7
2013	23.14	21.49	20.18	18.44	18.83	19.42	17.03	15.44
2014	90	110	150	200	250	280	332.1	408
2015	48.65	48.67	53.96	56.02	52.26	42.55	44.28	46.21

图6-4 2009-2016年张江基地与上海市数字出版规模（单位：亿元，%）

数据来源：(1)由2009—2016年上海市新闻出版局公开数据整理而得。(2)同表6-1。(注：考虑到数据年份的对应性，上海及上海基地的相关研究数据截取到2016年）

由图6-4可见，2009—2016年张江基地对上海数字出版产业总收入的贡献超过1/3，年均占比基本在50%左右，并由此拉动上海数字出版成为全国数字出版收入中的龙头老大，其在全国的占比达20%左右，年增长幅度平均达到30%。研究以张江基地对全国数字出版产业贡献率和拉动率两组指标衡量其数字出版产业经济拉动效应。

第一组指标为张江基地数字出版贡献率,用以测量张江基地数字出版增长对全国数字出版收入增长的贡献,计算公式为[100]:

$$ZJDGR_t = \frac{ZJD_t - ZJD_{t-1}}{D_t - D_{t-1}} \times 100\% \qquad (式6-3)$$

式 6-3 中,$ZJDGR_t$ 为张江基地数字出版贡献率;ZJD_{t-1} 为上一年张江基地数字出版总收入;D_{t-1} 为上一年全国数字出版总收入。

第二组指标为张江基地数字出版拉动率,用以测量张江基地对全国数字出版收入增长的拉动作用,计算公式为[98]:

$$ZJDLR_t = ZJDGR_t \times YDR_t \times 100\% \qquad (式6-4)$$

式 6-4 中,$ZJDLR_t$ 为张江基地数字出版拉动率,YDR_t 为当年国家数字出版收入增长率,$ZJDGR_t$ 为张江基地数字出版贡献率。

依据表 6-1(其 2009、2010 年全国数字出版收入总额从国家新闻出版总署、国家新闻出版广电总局公开数据中获得)、图 6-4 数据,带入式 6-3、式 6-4 计算得出 2010—2016 年张江基地对全国数字出版产业贡献率和拉动率,如表 6-6 所示:

表 6-6 2010-2016 年张江基地数字出版对全国数字出版贡献率和拉动率
（单位：%）

拉动效应	2010	2011	2012	2013	2014	2015	2016
张江基地数字出版贡献率（$ZJDGR_t$）	7.92	12.27	8.97	8.27	3.54	5.13	5.76
张江基地数字出版拉动率（$ZJDLR_t$）	1.70	2.48	1.65	1.56	1.18	1.54	1.72

由表 6-6 可以算出，2010—2016 年张江基地数字出版对全国数字出版的年均贡献率、拉动率分别为 7.41%、1.69%，基地集群的数字出版产业经济拉动效应显著。

6.4　本章小结

近几年的数据显示，数字出版基地集群已成为数字出版产业发展的关键。研究基于 SCP 理论框架，以 14 家国家数字出版基地为对象分析了基地集群集中度、产品差异和进入壁垒的市场（资本）融合结构，探讨了以技术开发商、内容集成商、渠道提供商、平台运营商以及终端生产商所形成的技术、业务、市场等产业链关联延伸融合的集群市场（资本）融合行为，并以张江基地等为案例实证分析了基地集群区域数字出版经济的贡献，以此印证高新技术驱动下产业融合是数字出版基地集群发展的必由路径。

研究在 SCP 分析框架基础上发现了我国基地集群数字出版产业低集中度、低差异化产品和较高进入壁垒的市场（资本）融合结构，在实证分析的基础上提出，高新技术驱动下的数字出版产业融合是国家数字出版基地集群实现规模化、集约化和专业化发展的关键，也是实现基地集群创新与可持续发展的根本保证。

第七章 比较借鉴：国内外文化传媒集群产业融合经验与启示

文化创意产业在西方发达国家历经了近百年的探索和实践，已经形成了一些经典模式。有学者依据文创产业竞争力指标将发达国家划分为三个层级：第一层是美国的"单极世界"；第二层是以"创意英国"（Think UK）为代表的欧洲几大强国；第三层的是日本和韩国。[101]本节通过对美国的文化创意产业著名园区（产业集群）进行分析，解析国外园区内产业融合经验，以使中国国家数字出版基地集群在产业融合过程中获得启示。同时，研究以上海张江国家数字出版基地为集群代表，进行国内基地集群产业融合典型案例分析，为其他数字出版产业基地集群融合发展提供经验启发和借鉴。

7.1 美国文化传媒集群产业融合经验

在美国，至今都没有一个专门分管文化及其产业发展的部门，属于典型的市场主导运行的模式，其文化创意产业集群主要分布在加利福尼亚、纽约、得克萨斯和佛罗里达等，几个有着显著区域特征与独特资源的州及相关城市。

7.1.1　内生融合发展：集群化产业融合是一种商业模式

美国传媒文化产业真正得到大发展是在冷战结束后美国成为世界单独一极之后，文化产业面向海外市场拓展，政府对传媒文化产业的规制开始放松，1996年的《联邦电信法》就取消了对文化生产的一切管制，这种政策引导直接导致美国传媒文化产业并购幅度大幅增加（孟东方，2012）[102]，极大放宽了对广播电视所有权的限制，鼓励互联网等进入传统传媒文化产业，催生了一大批如华纳、迪斯尼等巨型传媒文化集团[103]，形成绝对的市场垄断，这就导致了一些中小型传媒文化企业为了业务拓展或经营生存，在早期纽约州等文化创意相对比较集中地区的经营及业务不断外溢。

此外20世纪80年兴起的数字技术，以及紧随其后90年代兴起的互联网技术等，形成了大量新兴互联网科技信息公司，这些公司的业务领域不断向文化传媒领域侵入，其中影响比较大就是两大类：一是以电商为代表的服务型媒体，二是以网络社交为代表的关系型媒体，它们逐渐削弱了美国传统文化传媒集团对其文化传媒产业（美国称其为版权相关产业）的垄断。与此同时，几个巨型传统媒体集团的垄断也引起了美国政府的警惕，美国政府有意引导和发展文化传媒产业集群这一新产业组织形式，以打破传统媒体集团的垄断生态位势。因此，正是上述传统媒体集团巨头垄断突破，美国政府对其版权相关产业的政策调控，以及新技术发展背景下新产业组织形式的形成，综合导致了美国传媒文化产业集群萌芽、发展和壮大。

有学者将美国的创意园区集群分为四个阶段（贺培育，2010），本课题参考了张艳（2017）对于美国洛杉矶好莱坞影视集群发展阶段的划分[104]，对贺教授的划分阶段起止时间进行了微调，具体如表7-1所示：

表 7-1　美国传媒文化产业集群发展历程①

时间	类型	特征
20世纪初至其80年代	混合型集群	政府与社区形成的非营利机构
20世纪80年代后期	协同型集群	政府、入驻企业、研究院所、中介组织等全面合作
20世纪90年代前期	创新型集群	业务外向（价值链）拓展，注重创新引导
20世纪90年代至今	集团型创业园区（集群）	面向其他企业提供办公场地和设施，以及管理咨询支持，如企业技术开发、市场营销、法律顾问、会计等；具有较强的孵化器的功能。

通过上述梳理，研究可以得出如下结论：

首先，美国早期的文化传媒产业园区集群中的产业融合形成及发展，实际上是对传统文化传媒集团巨头市场垄断的一种破解手段，是一些中小文化传媒企业在传统文创集中区被迫外溢的一种表现；

---

① 资料来源：贺培育.美国文化创意产业园区模式探析[J].文化月刊，2010（4）：24-25.

其次，这种产业融合也是一些巨型文化传媒集团进行价值链拓展的重要方式（如本研究第5章第3节所示，价值链拓展是产业融合的一种重要形式），是其走向海外市场的一种有效手段，尤以迪斯尼等为代表；

第三，此种集群产业融合同时也是在数字化、数据化、智能化等新技术驱动集群化方面的一种商业模式创新，即集群化产业融合成为美国文化传媒产业集群发展与壮大的一种重要或主导性商业模式，这正是表7-1所列，当下美国集团型创业园区（集群）兴起的重要原因；

最后，此种集群产业融合也是美国政府国内文创产业政策调控的一种新的经济形式。

7.1.2 美国文化传媒集群产业融合外生支撑体系

正如前述，美国政府虽然没有专门管理文化及其集群的部门，但在文化传媒产业集群形成过程中，政府、立法、司法等三权部门对其还是非常重视的，其中比较重要的手段就是立好市场规矩。美国是比较早实现文化立法的国家，并因此能比较有效地理顺和发展文化传媒产业。这种立法体系就是以《版权法》为核心，涵盖了《专利法》《反不正当竞争法》《视觉艺术家权利法案》《电子盗版禁止法》等一系列法则的法律体系，尤其是《版权法》的修改相对比较频繁，旨在解决新技术发展带来的版权延伸上的行业竞争矛盾。当然，这种更新目的也包括了其对境外知识产权战略的利益维护。

此外，美国在文化传媒产业（集群）的投融资体系、财税支持体系、技术创新支持体系等也都相对比较成熟，比如其投融资体系，主要的经验就是构建多元化投融资体系，尤其注重拓宽面向社会、国外的投融资渠道。这也是为什么之前国内一些互联网科技信息公司能够在纳斯达克上市的重要原因。但最近几年，由于中美贸易摩擦，美国刻意提高了相关门槛，甚至直接限制了这种投融资渠道。

7.1.3 典型案例分析：好莱坞影视集群产业链延伸融合

20世纪初，还是洛杉矶一片荒郊的好莱坞影视城因其独特的自然风貌被一群摄影爱好者发现，并很快成为一批寻求新生存空间的电影公司创业之地。到20世纪30年代已经发展成为包括米高梅、派拉蒙、20世纪福克斯等八大影业巨头公司的聚集地，它们生产了美国电影总量的60%—70%，获取了80%的美国票房收入，并实现制作、发行与放映全产业垂直一体化联合垄断。1948年反垄断《派拉蒙法案》以后，这些巨头被迫放弃了一些"制作、发行与放映"产业链上的业务，于是一些从事剧本、编导、道具、特效制作、包装、营销等业务的中小型公司应运而生（张艳，2017）[104]，于是呈现了今天的好莱坞影视集群大中小企业共生融合的现象。好莱坞在其一百多年的历史中架构了"剧本—电影—电视—营销—衍生产品—实业（如旅游、主题公园）……"影视全产业链运营，融合了影视、动漫、新闻出版、观光旅游等产业。

以迪斯尼为例，它的盈利更多是依赖于完整产业链的"轮次收入"运作模式[105]：

（1）公司推出一部影片的票房收入是第一轮收入。

（2）已公映的电影的拷贝销售和录像带发行所获得的利润是第二轮收入。

（3）然后是全球迪斯尼主题公园的推广，每播出一部卡通片就在主题公园中增加一个新的人物，依靠影片的影响力吸引游客前来，从而赚取第三轮收入。

（4）接着通过特许经营和品牌委托代理实现第四轮利润。

（5）通过电视媒体获取最后一轮收入。

此外，迪斯尼一直在不断收购最强势的媒体，借助电视媒体的力量扩大迪斯尼及迪斯尼产品的影响力，不断延伸其品牌价值链。据统计，在迪斯尼的全部收入中，电影发行加上后续电影和电视的收入只占30%，主题公园的收入占20%，其余的50%则全部来自品牌销售[106]。

迪斯尼这种商业模式的秘诀在于各轮开发之间环环相扣，产业链上的合作企业相互促进、相互渗透融合，每轮开发所带来的社会影响力和号召力又会为其他轮次的开发提供良好的外部环境和市场条件，从而将紧密相连的产业链环节变成一个循环融合的轮次开发模式[107]。迪斯尼"轮次收入"运作模式，就是一种典型的基于产业链延伸实施产业融合发展的模式。

由迪斯尼"轮次收入"的商业模式可见，基于产业链的延伸融合是文化传媒产业集群产业融合发展的一种基本模式，也是一种关键的模式。

7.2 国内典型案例分析：上海张江基地企业集团型集群产业融合

7.2.1 公司制治理与基地集群内生产业融合

在国内14家数字出版基地的建设过程中，上海张江国家数字出版基地在产业融合方面颇有成就，这与区域政策、基地治理体系、基地形成的企业成长模式等原因密不可分，其年营收及增长率表现如图7-1所示：

图7-1 2010—2018年上海张江国家数字出版基地年营收与增长率

数据来源：（1）同表3-4；（2）上海张江国家数字出版基地最新针对2017、2018年的营收数据网络公布。

由图7-1可见，2010—2018年上海张江国家数字出版基地年营收增长较快，年均增速在18.23%。

上海张江国家数字出版基地成立于2008年7月16日，是国内数字出版第一家基地集群。基地创建之初,即确立了公司制的运营模式,2008年1月成立了"上海张江数字多媒体产业发展有限公司",后更名为"上海张江数字出版文化创意产业发展有限公司(简称'张江文创')",公司属于上海张江(集团)有限公司三级公司;2016年前后"张江文创"并入"张江文控"升级为张江集团的二级公司,基地集群采用现代企业法人制度,设立了张江国家数字出版基地管理办公室,负责管理基地集群的日常事务,这属于典型企业集团型产业集群治理模式。

为了产业集群的快速发展,上海张江国家数字出版基地引入了大量的数字出版龙头企业,如阅文集团、盛大集团、喜马拉雅、B站等,围绕龙头企业进行产业链布局与建设,不断推进和逐步实现基地集群产业链延伸融合,以及基地集群的可持续发展。

7.2.2 地方政府政策激励与基地集群外生产业融合

政府政策是基地集群初创及发展的重要资源依赖和产业驱动。为了产业集群的快速发展,上海张江国家数字出版基地引入了大量的数字出版龙头企业,围绕龙头企业形成"链长制"数字出版产业链体系,经过10余年的经营与建设,基地聚集了阅文集团、盛大集团、B站、WiFi万能钥匙、喜马拉雅、世纪创荣等龙头型与中小型数字出版企业700余家,《关于加快我国数字出版产业发展的若干意见》等政策文件的发布,有力推动了数字出版产业的集群化发展。

2009年，上海张江国家数字出版基地建成后的第二年，上海浦东新区政府发布了"张江国家数字出版基地建设专项资金"[①]等多项扶持政策。

2011年3月，上海市政府颁布了《关于促进本市数字出版产业发展的若干意见》（2011），在财政、税收、人才、版权、投资、金融等方面提供优惠政策激励，该文件也是国内首个省级政府数字出版政策文件。

2017年12月《关于加快本市文化创意产业创新发展的若干意见》（简称"上海文创50条"），提出了上海文创产业"十三五"发展战略目标，明确了出版行业"互联网+"战略，提出要提升张江国家数字出版基地等文化创意园区发展能级，为此要发挥财政资金引导和杠杆作用、合理减轻企业税负、加强建设用地保障、强化人才队伍支撑等，从多个维度引导资源要素向文化创意产业集聚，推进产业融合发展。

2020年11月25日，上海市发布"十四五规划的建议"[②]，着重提出产业的"高端、数字、融合、集群、品牌"发展方针；并在"健全现代文创产业体系"中提出要继续深入落实"（2017）上海文创50条"，实施"文化+"战略，深化文化与旅

[①] 2009年2—5月，上海浦东新区政府先后密集发布《关于建立"张江国家数字出版基地建设专项资金"的通知》《"张江国家数字出版基地建设专项资金"扶持政策》《张江国家数字出版基地数字出版企业（机构）认定办法（试行）》等多项面向基地集群的激励与扶持政策。

[②] 全称为《关于制定上海市国民经济和社会发展第十四个五年规划和二〇三五年远景目标的建议》。

游、科技、金融等融合发展。[1]从中可以看出，2017年的"上海文创50条"可能仍然是上海市"十四五"文创产业发展的纲领性文件。

"上海文创50条"对整个上海市包括国家数字出版基地等文创企事业单位是一个非常大的政策红包，深受文创企业主的欢迎[2]。这一政策的财税优惠、贸易、知识产权保护等9大维度、50条项，覆盖了包含国家数字出版基地集群在内的文创产业的立体化政策支撑。

上海张江基地集群发展的实践再次表明，政府政策的支持力度对产业融合的发展和产业集群的升级有着重要意义。产业政策环境是集群外部化融合成长的重要助推。

7.2.3 可持续发展与基地集群产业融合生态体系建设

产业集群及其产业融合的可持续发展，离不开不断完备的产业融合生态体系建设。作为发展规模、速度和效益最大的国

---

[1] 腾讯网.全文公布！上海市"十四五"规划和二〇三五年远景目标的建议正式发布[EB/OL]. https://new.qq.com/rain/a/20201210A01E2O00, 2020—12—10.

[2] 据《第一财经》"百家号"转引的消息称，资深电影人、UME影院管理集团董事长吴思远刚看到"文创50条"时非常激动，"差点要下来跪拜，要哭"。希望"文创50条"能真正落地，鼓励培养年轻人发挥创意、投入到文创事业中来，并切实扶持中小文创企业发展。

资料来源：百家号.企业负责人谈"上海文创50条"：非常激动，差点要哭[EB/OL] http://baijiahao.baidu.com/s?id=1589637223867744268&wfr=spider&for=pc,2018—01—15.

家数字出版基地集群，上海张江国家数字出版基地已经架构了比较完备的产业融合生态体系，主要是以数字版权服务、信息传播服务、投融资服务、游戏出版服务、技术研创等产业平台生态体系发展为中心；同时，注重包括配套设置、人才系统、园区优惠政策扶持、中介服务体系建设等在内的支撑生态体系建设，具体如图7-2所示：

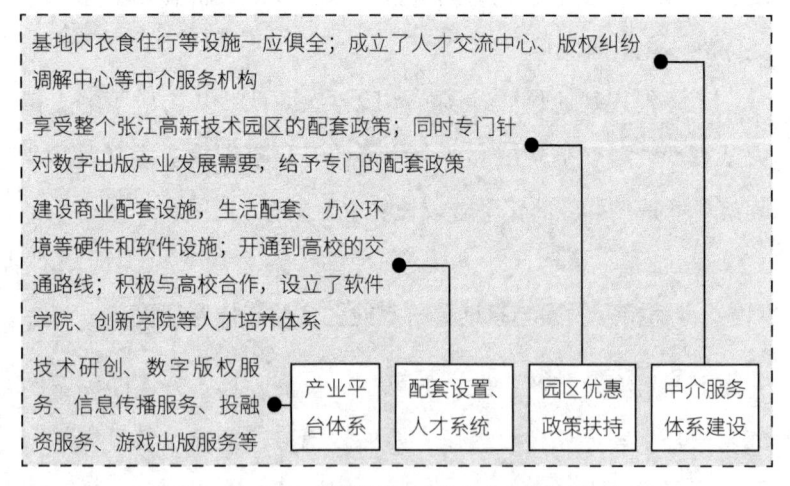

```
基地内衣食住行等设施一应俱全；成立了人才交流中心、版权纠纷
调解中心等中介服务机构

享受整个张江高新技术园区的配套政策；同时专门针
对数字出版产业发展需要，给予专门的配套政策

建设商业配套设施，生活配套、办公环
境等硬件和软件设施；开通到高校的交
通路线；积极与高校合作，设立了软件
学院、创新学院等人才培养体系

技术研创、数字版权服      产业平台    配套设置、    园区优惠    中介服务
务、信息传播服务、投融    体系        人才系统     政策扶持    体系建设
资服务、游戏出版服务等
```

图 7-2　上海张江国家数字出版基地产业融合生态体系

资料来源：上海张江国家数字出版基地网络公开信息整理绘制：https://sh.zhaoshang.net/yuanqu/detail/15256.

以张江国家数字出版基地集群的"金融+"产业融合生态发展为例。

一方面园区管委会与金融机构共同打造企业金融服务品牌，引入授信审批机制，为园区内的科技型小微企业提供科学的授信方案和灵活的组合担保方式，并开辟"张江绿色服务通道"，重点解决小微型科技企业融资难题[108]。

另外一方面，将风险投资与企业孵化结合，将政府的种子基金与社会风险投资资金通过项目联结在一起，把财政项目补贴变成风险投资，再由专业管理团队负责管理与投资，如张江文控先后参与了华人文化产业投资基金、上海文化产业股权投资基金等，参与投资了沪江、炫动卡通等创新企业，基本涵盖了企业生命周期的各条线[109]。风险投资不仅可以给予高新技术企业资金支持，还可提供信息、咨询等服务，协助企业经营，监督企业财务状况，推动企业更好地成长[110]。正是这种金融融合生态创新拉动了基地集群的快速发展，孵化了大量如连尚网络、二三四五、七牛云等一批新型集团或企业，也成就了文创（包括数字出版）"张江模式"。

7.3 国内外相关集群产业融合的经验启示

首先，注重关键技术创新与引领。尤其是核心产业关键技术上的引领，以及标准建立，比如美国、日本、韩国相关集群在影视、动画等方面的技术引领。

其次，集群产业环境优化。要优化融合的外部环境系统，通过强制性制度和政策，在集群产业孵化、产品生产、市场交易、知识学习等环节上定好集群内外市场运行的规矩。比如文化立法，特别是一些文化产业链条上的法制建设，如产业促进、知识产权、著作权等。

第三，理顺参与集群治理的多主体关系。理顺政府、集群、入驻企业、中介组织等多主体之间的关系，处理好各主体在管理、运营与服务等上面的关系定位，尤其是发挥政府的"放、管、服"职能。

第四，激活集群投融资功能。做活面向集群的投融资服务，发挥集群的投融资功能，比如前述张江基地的"金融+"融合发展模式，有效激活基地集群组织的投融资功能。

第五，借力诱致性政策的驱动功能。重视发挥政府引导基金、财税的引导和杠杆功能，这一点现在美国等国家已经做得很细，这种政策牵引已经覆盖文化创意产业每个环节，即激励、引导与规制全流程、全产业和全功能的覆盖。

第六，基于产业链延伸融合是文化传媒集群产业融合的基本与关键形式。打通和实现产业链融合，是美国文创产业集群发展的共同特征，甚至只深耕文化传媒产业领域价值链上的集聚，谨慎处理产业以外领域的业务跨界；要注意发挥龙头企业在产业链建设及延伸产业融合过程中的"链长"作用。

第七，注重基地集群内外生产业融合生态体系建设。注重发展内生产业融合平台生态系统，以及外生环境等支撑性生态体系建设，以保障产业集群及其产业的健康与可持续发展。

最后，注重文创产业领军、拔尖及相关专业人才的培养与引进。国外在文创产业人才培养的意识比我国要早，一些境外国家甚至从娃娃抓起，从培养体系上来看又可细分为社会培养和专业培养，同时尤其重视对关键产业领军人才的培育与引进。

7.4 本章小结

本章一方面对以美国为代表的文化传媒产业集群形成及其发展进行分析，从内生产业融合模式以及外生产业融合条件，以及典型案例分析进行多维阐述，以形成国外典型经验借鉴；另一方面，研究针对国内第一家也是目前最大的上海张江国家数字出版基地集群进行了焦点案例分析，详细分析了该基地集群组织管理模式、地方政府管理与融合体系架构。

首先，国外经验借鉴：美国市场化主导文化传媒集群产业融合。在美国，至今都没有一个专门分管文化及其产业发展的部门，属于典型的市场主导运行的模式。

（1）集群组织内生建设经验需要关注的是，这种产业集群的内生融合发展模式，即集群化产业融合成为其发展的一种商业模式。一是美国早期的文化传媒产业集群形成及其产业融合发展，实际上是对传统文化传媒集团巨头市场垄断的一种破解手段；二是这种产业融合也成为一些巨型文化传媒集团进行价值链拓展的重要方式，是其走向海外市场的一种有效手段，所以美国产业集群发展的后期是以集团型创业园区（集群）为代表的；三是这种集群产业融合同时也是新技术驱动集群化的一种商业模式创新；四是这种集群产业融合也是美国政府国内文创产业政策调控的一种新的经济形式。

（2）集群组织外生发展支撑经验借鉴中需要关注的是美国

文化传媒集群产业融合外生支撑体系建设，尤其是国家战略体系、立法体系、行政管理体系、技术与创新体系、投融资体系、（国家）引导基金支持体系、税收杠杆体系、人才培育体系等。

（3）集群内产业发展的融合经验是，借鉴美国迪斯尼"轮次收入"的商业模式可以得到，基于产业链的延伸融合是文化传媒产业集群产业融合发展的一种基本模式，也是一种关键的的模式。

其次，国内典型案例分析：上海张江国家数字出版基地企业集团型集群产业融合。

（1）公司制治理与基地集群内生产业融合。上海张江国家数字出版基地采用的是基于现代企业法人制度的企业集团型集群治理模式，设立了专门的基地管理办公室，负责管理基地集群的日常事务。其产业融合的经验就是引入了具有引领作用的数字出版龙头企业，借助龙头企业的产业吸纳与项目分包，打造数字出版产业链，经过10余年的经营与建设，基地聚集了阅文集团、盛大集团、B站等龙头型与中小型数字出版企业700余家。

（2）地方政府政策激励与基地集群外生产业融合。地方政府产业政策一直是数字出版产业及其集群发展的重要推动力，也是基地集群产业融合发展的关键驱动力。自2008年上海国家数字出版基地成立以来，其所享受的市政府及其所在区政府的政策扶持是全方位的，尤其是2017年"上海文创50条"，对于包括张江基地在内的整个上海市文创产业,做了财政资金引导和杠杆、合理减轻企业税负、加强建设用地保障、强化人才队伍支撑等多个维度制度安排,有效地推进了产业融合发展。

(3)可持续发展与基地集群产业融合生态体系建设。上海张江国家数字出版基地集群及其产业融合的可持续发展,最终是要依赖于基地集群产业融合生态体系不断完善,主要包括:一是比较完善的产业平台生态体系中心,比如张江基地的技术研创、数字版权服务、信息传播服务、投融资服务、游戏出版服务等产业平台生态体系;二是比较完备的基地集群产业融合发展支撑生态体系,其中主要包括配套设置、人才系统、园区优惠政策扶持、中介服务体系建设等在内的支撑生态体系建设。

最后,在国内外相关产业集群产业融合经验分析的基础上,研究从关键技术创新与引领、产业环境优化、参与集群治理的多主体关系理顺、激活集群投融资功能、借力诱致性政策驱动、基于产业链延伸融合关键形式构建、基地集群内外生产业融合生态体系建设、文创产业专门人才的培养与引进等维度,进行了基地集群产业融合的经验总结。

第八章 制度安排：基地集群产业融合政策治理评估与发展建议

完善的制度安排是数字出版基地集群产业融合的主要调节器与激活器，借助不同产业政策的制度激励、规范、规制与资源调配等功能，能大大提升基地集群产业融合的速度、深度和效度。在制度经济领域，拉坦（Ruttan，1978）是较早地将制度和组织结合在一起进行制度和制度变迁理论研究的学者，在他之前，学者只是单纯从制度或规则一维角度进行分析的。[111] 因此，课题研究首先分析基地集群产业融合过程中的组织架构变化，进而借助考虑相对比较周全的前人政策工具进行政策治理评估，最后综合得出推动基地集群产业融合发展的政策建议。

8.1 嵌入集群内数字出版产业融合一体化组织架构

在新兴技术的不断推动下，国家数字出版基地集群内数字出版产业的发展规模日益扩大，产业融合的速度不断加快。虽然基地集群数字出版产业及融合发展得到快速提升，但仍面临着激烈的外部竞争环境和不确定的市场需求。在这种情况下，研究认为必须深入推进跨组织、自组织两大系统组织的一体化，即通过产业组织融合去进一步推动基地集群产业融合的发展，进而增强集群企业的竞争能力和发展潜力。

8.1.1 基地集群跨组织融合运行机制

一、基地集群数字出版业跨地区组织一体化

正如前述,"一园(集群)多区""一园(集群)多地"已成为很多国家数字出版基地集群发展的通行模式,比如江苏国家数字出版基地就包括了南京、无锡、苏州、扬州和镇江五个园区,安徽国家数字出版基地主要发展了合肥、芜湖两个园区,广东国家数字出版基地则重点发展广州和深圳两个园区。随着互联网经济的兴起,数字出版作为互联网经济中的一种典型代表,其产业集群越来越突破传统的物理限制。因此,跨地区组织一体化已经成为基地集群发展的一种新常态,而这种组织扩张或拓展是在对劳动费用、生产成本、市场需求、区域资源等多种市场与制度因素的综合考虑中进行的,缺乏市场竞争力的弱小企业逐步被淘汰,而那些具有强大的资源整合能力和较高的经营效率和品牌影响力的龙头数字出版企业,则在跨地区扩张的过程中不断获得更好的发展资源和机会。

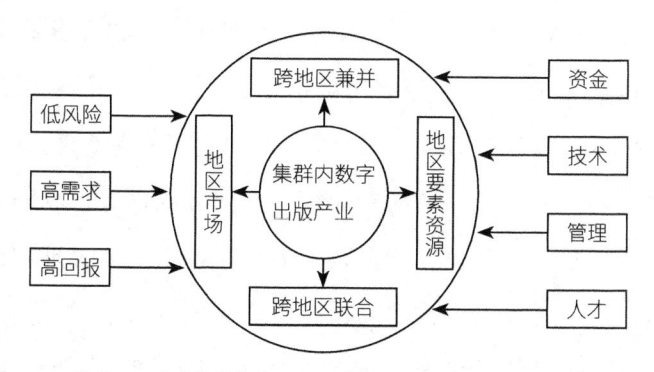

图 8-1 基地集群数字出版业跨地区组织一体化运行机制

集群内数字出版产业的跨区域组织一体化、联合（"链接"，即产业链打造）主要考虑区域市场成熟度和区域资源禀赋两方面。

一方面，区域市场的选择对数字出版产业的发展尤为重要。我国数字出版产业市场在区域发展上有着明显差异，尤其是在投资规模、用户需求，以及市场成熟与竞争程度上。因此，入驻企业尤其是一些龙头企业（比如一些互联网平台巨头）会自然倾向选择具有高需求、低风险、高回报的地区进行市场布局，这也是关系到我国很多基地集群数字出版产业跨区域融合发展的关键要素。尤其是在北上广深等相对比较成熟的一线区域市场，基地集群数字出版产业融合的实现概率、速度、效果会大大提升；一些新一线或二线城市，最近几年随着其经济发展，这方面的市场积累也在不断丰富，比如杭州、南京、武汉，以及2020年GDP突破万亿大关的合肥等。

另一方面，区域资源禀赋的先天性支撑。基地集群数字出版入驻企业在进行跨地区融合选择中，一定会考虑到资金、技术、管理、人才等先天性区域资源禀赋要素。因此，基地集群产业融合发展需要加强对不同区域资本市场的深入研究，大胆创新，积极拓宽融资渠道；建立科学合理的运营机制，加强对资本、技术、人才等资源的有效管理；同时还必须选择合理的扩张或"链接"的规模和速度，不能一味追求规模效益和短期利润而盲目扩张。虽然各区域之间存在经济、技术、资源的差异和壁垒，但入驻企业必须克服这些差异，确保跨地区的各企业之间协同运作的完整性和一致性，注重发挥企业整体的规模效益，以及其他区域企业分支的灵活性和积极性，这样才能够使数字出版业在跨地区的融合扩张中提高整体水平和经济效益，使企业得到更好与更快的发展。

由此可见，基地集群企业在跨地区组织一体化或"链接"的进程中，综合实力强的龙头数字出版企业会进一步实现企业发展的专业化、规模化、产业化，通过兼并、合并等融合扩张方式，不断优化基地集群产业链，进而加快集群产业融合的速度，实现跨区域组织一体化。

二、集群数字出版业跨行业组织一体化

在充满不确定性和日益复杂的市场环境中，数字出版产业的市场振荡、技术波动以及竞争强度等呈现不断递增的趋势，单打独斗的企业会面临越来越多的困境和考验。因此，在数字技术不断发展、知识体系不断创新的大背景中，基地集群数字出版产业要想在日趋激烈的互联网及其移动出版市场竞争中获得优势地位，就必须要不断增强其跨行业的互动协同能力，形成跨系统与类部门（内部化）化的组织一体化思维，借助协同运作共同促进基地集群入驻企业的健康可持续发展。

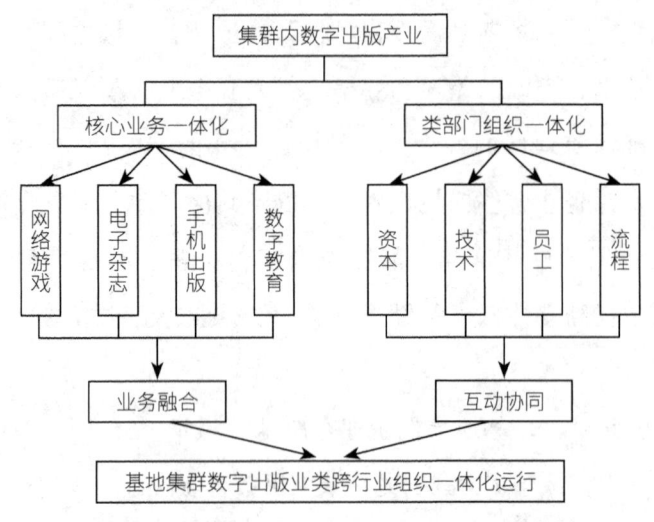

图 8-2 集群数字出版业跨行业组织一体化运行机制

因此,伴随着数字技术、网络技术和移动技术的发展,传统数字出版企业的单独离散发展显然已不能适应当前高度复杂、成熟的市场环境,基于基地集群的跨行业合作已经成为数字出版产业发展的大趋势。在企业跨行业的业务融合与互动协同推动下,基地集群内数字出版产业不断实现其跨行业组织一体化。这种跨行业组织一体化运行主要包括企业间核心业务一体化和类部门组织一体化两部分。

一方面,核心业务一体化是基地集群跨行业组织一体化形成的根本动因。实际上,没有核心业务的交叉与合作需求,很多入驻企业也无所谓加入哪个基地集群或产业园区,这也是很多园区出现"候鸟型企业"的根本原因。目前,基地集群内数字出版企业所从事的业务大体主要涵盖网络游戏、电子杂志、数字教育以及手机出版等。而这些业务间既有区别又相互交叉，其中一些业务是基于共同的数字出版相关技术，技术的融合也促进了这些企业间业务的融合，彼此间的壁垒逐渐消除，最终在业务融合前提下，逐步实现基地集群数字出版跨行业的组织一体化。

另一方面，类部门组织一体化是基地集群跨行业组织一体化的成熟标志。分工效率的提升是产业集群巨大的组织优势，这种分工效率提升的根本原因是用较低的组织成本获得较高的生产一体化程度，用较低的交易成本获得较高的交易市场化程度，即生产的外部化（不断的模块化分包制）与交易的内部化。[112] 这也是基地集群及其产业链得以形成的关键。基地内的数字出版产业系统融合了信息、技术、网络等多个产业领域，具有多层次性和多角度性，其复杂的产业模式要求数字出版产业在员工、技术、资本和流程等各个系统中进行一种类部门的协同互动，各部门之间交叉互动、资源共享，形成具有一体化和完整性的一种产业和组织模式。

在信息技术的驱动下，传统的具有严格分工和严谨秩序的企业工作模式已被打破，基地集群跨行业协同运营的数字出版产业一体化组织已经形成。基地集群内数字出版产业的跨部门发展，必须保证各个系统开发链接有机整合，形成完整统一的类部门发展体系，通过对各个系统中的多种资源、多种技术、多种知识等进行集成与关联，使系统从相互独立变成彼此关联、协同互动,成为基地集群类部门组织内数字出版业的有机组成部分,从而形成新型的产业发展模式或商业模式,更加有利于推动入驻数字出版企业的良好运营。

8.1.2 基地集群数字出版业自组织一体化

一、嵌入集群内数字出版产业自组织创新机制

目前,大部分基地集群的数字出版产业在历经初创期的孕育和成长期的发展后,正在步入成熟期的高度自治阶段。因此,基地集群必须重视发挥嵌入集群内数字出版产业融合的自组织作用。数字出版产业基地集群作为一个自组织系统,需要企业各部门合理规划自身职能,各司其职、分工协作;同时也需要自组织进行开拓创新,改善原有的体制和工作方法,促进基地集群内数字出版入驻企业的持续健康发展。

数字出版产业在当下信息经济高度发展的背景下,为了更好地应对充满不确定性、复杂多变的市场环境,面向成熟期发展的基地集群数字出版业自组织的创新显得尤为重要。基地集群自组织创新机制要求各个相关企业和部门之间逐渐模糊产业或组织边界,消除产业壁垒,不断增强组织互动协同,由规范有程序的制度变为非正式的协调与合作,不断增强企业之间的信任机制建设。基地集群数字出版业的自组织创新模式大致可以分为网络型自组织模式和集聚型自组织模式两大类。

第八章 制度安排：基地集群产业融合政策治理评估与发展建议 ◇ **205**

```
          集群数字出版产业融合自组织创新机制
                消除壁垒 ● 协同互动
         ┌──────────────┴──────────────┐
    网络型自组织创新模式              集聚型自组织创新模式
    ┌────┬────┬────┐              ┌────┬────┬────┬────┐
   数字 网络 电子 网络              资金 技术 管理 人才
   教育 游戏 杂志 动漫
   ┌─────────────────┐           ┌──────────────────┐
   信息化动态环境与产业融合相适应    产业链整合与价值延伸的推动
   └─────────────────┘           └──────────────────┘
              成熟期基地集群产业组织自治功能发挥
```

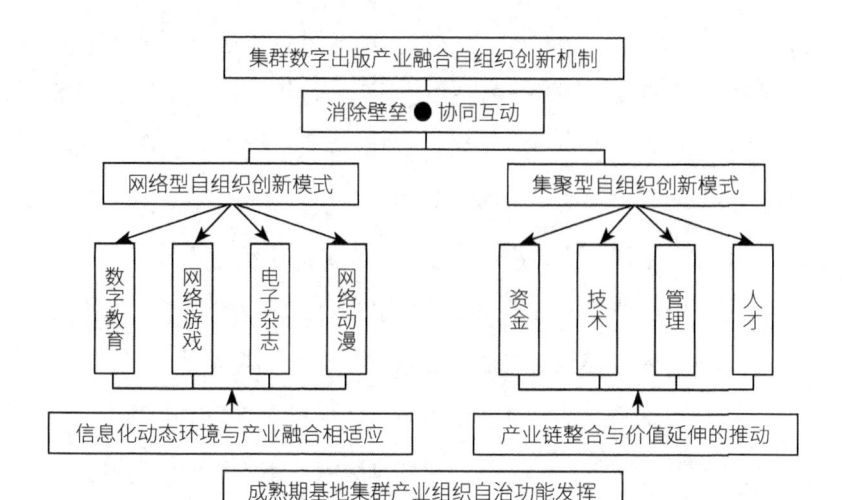

图 8-3 嵌入集群数字出版产业融合自组织创新机制

基于信息技术的发展，基地集群数字出版企业所涉及的专业越来越广泛和复杂，逐渐形成了一个各企业在空间领域上相互交叉的网络组织。产业网络型的自组织相较传统组织，会比较分散而持久，而且在企业运作中会更具有平等互惠性和易互动协调性。基地集群数字出版业的网络型自组织模式是与产业融合相适应的一种组织形态，也是一种不稳定的动态性的非标准化组织。网络型的自组织创新使得基地集群数字出版业的各个相关企业和部门之间的互补性和合作性增强，能够消除入驻企业之间的产业壁垒，实现优势互补，不断加强分工合作，进而共同为基地集群数字出版产业的良好运行贡献力量。

集聚型自组织模式是数字出版产业创新发展的另一种常见方式。国家数字出版产业基地正体现了这种产业集聚化的趋势。数字出版各相关产业通过网络的交叉和空间的集聚，产业链得以重新整合，产业价值得以延伸，产业融合也越来越完善。企业间的这种集聚型自组织模式使资金、技术、知识等各种资源得到共享，各种生产要素得到合理配置或流动，最大限度地降低了企业的生产与交易成本，发挥了自组织的灵活性。

因此，上述两大自组织类型有一个共同组织特点或目标，就是实现面向成熟期发展基地集群数字产业组织自治功能的发挥。

二、嵌入集群内数字出版自组织融合委托代理机制

委托代理是基地集群数字出版企业进行产业分工的关键，也是其产业链形成的关键。基地集群自组织由相关代理部门或自行将完成某项工作或任务的权利移转给其他集群企业，让业务相关的合作企业进行联合技术开发、生产、经营或销售等，以提高基地集群的产业分工运作效率，促进入驻企业之间的共同合作发展。

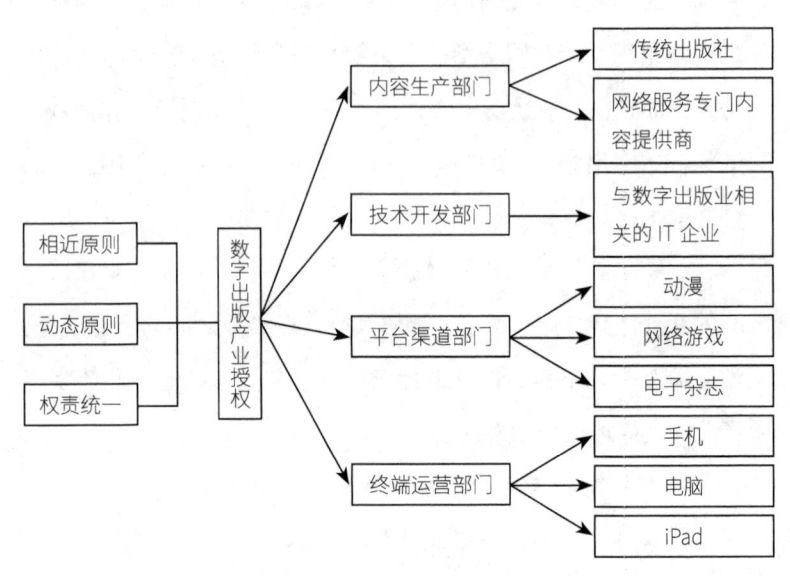

图 8-4 嵌入集群内数字出版产业融合委托代理机制

基地集群内的数字出版产业部门众多,专业分散,运作复杂,如果将全部工作都交由自己的管理部门负责,就会导致企业运作效率低下,也不利于企业的健康发展。相反,委托给代理部门进行各专业合理分工,将某些生产或经营委托代理给集群生态企业去做,不仅能够简化工作程序、提高企业运营效率,还可以促进入驻企业协调高效发展。

基地集群内数字出版入驻企业可以对内容提供部门、技术开发部门、平台渠道服务部门以及终端运营部门进行委托代理。比如,对传统出版社和网络服务专门内容提供商的委托代理,能够激发这些内容提供商的积极性和主动性,及时搜索海量的内容资源并探索新颖独特的内容角度;对于数字出版产业相关的 IT 部门的委托代理使得这些技术开发部门在技术的开发运用上更加灵活,能更好地为企业提供新的技术;同时,在委托代理过程中,企业方和代理方都必须明确以下原则:

(1)相近原则。数字出版企业的核心业务,主要涵盖技术研发、内容生产、市场经营等,企业部门在委托代理时应把相关业务交由业务对口的部门。

(2)动态原则。数字出版业作为新兴的产业,面对市场的诸多不确定性以及任务的专业化和零碎性,必须坚持动态原则,面对不同的目标、不同的任务,从实际出发,做出具体灵活的安排,这也是现在虚拟集群、分包制、项目制等中间性组织比较流行的根本原因。

（3）权责统一。委托代理务必要以责任为基础和前提，并且要明确生态企业之间的权利与责任，本着问题导向和目标导向，有效解决实质性问题。

在基地集群内数字出版产业的管理中，管理部门必须明确委托代理是完成目标责任的基础，只有权责统一才能够保证各部门有效完成指定任务。同时，委托代理也是提高部属积极性的需要，管理部门通过将权力和任务布置给部属，来激励部属积极完成任务，实现自身价值。委托代理也是提高部属能力和增强员工应变能力的途径，在部属运用自主权限完成任务的过程中，必须具有完成高难度任务的能力，并且能够灵活应对多变的工作环境。

8.2 嵌入集群内数字出版产业融合管理机制

在数字技术、网络信息技术、移动技术等的驱动下，基地集群内数字出版产业发展迅猛，规模逐渐扩大，效益日益提高。但基地集群数字出版产业还处在发展阶段，也面临一些普遍性的困难。首先，基地集群数字出版产业的技术创新仍有待提高，而技术创新的滞后又导致数字出版产业链的运作效率较低，整体竞争力不强；其次，面对强势的互联网平台企业，基地集群数字出版产业的整体竞争力不强，市场所占份额较低，合适的商业模式还不够成熟；第三，整个互联网包括数字出版

| 第八章　制度安排：基地集群产业融合政策治理评估与发展建议 | ◇ **209**

行业中侵盗版权问题一直未得到有效解决，《著作权法》相关法律法规还有待进一步完善，关键性产业法治环境待优化；最后，基地集群中管理数字出版产业的高素质高端专门人才还比较缺乏，此类人才的不足也是造成基地集群数字出版产业综合竞争力不强的重要原因之一。如果不能很快处理好这些问题，则会延迟甚至是阻碍我国基地集群及其数字出版产业融合发展。

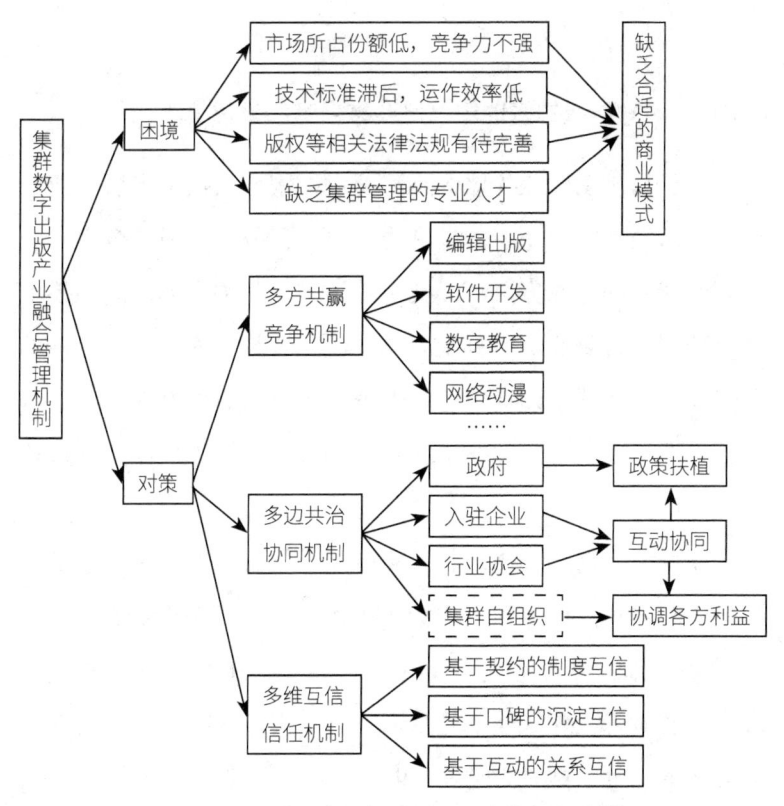

图 8-5　嵌入集群内数字出版产业融合综合管理机制

因此，研究认为，必须重视对我国嵌入集群内数字出版产业融合的综合管理，大力发展基地集群的数字出版产业，这既需要国家和地方政府的政策扶持，也需要基地集群内嵌数字出版产业的产品创新、市场扩大和融合发展，并需要加强多方共赢的基地集群产业融合竞争管理机制、多边共治的基地集群产业融合协同管理机制、多维互信的基地集群产业融合信任管理机制等三大综合管理机制建设，共同促使基地集群数字出版产业融合发展。

8.2.1 多方共赢的基地集群产业融合竞争管理机制

由于基地集群在各地的迅速铺设，集群内数字出版产业最近几年借助互联网经济的发展也得以迅猛发展，但是数字出版产业所涉及的专业庞杂，门类丰富，各个相关产业之间如果不能合理划定自身职责，分工合作，就很容易在充满不确定性的激烈的市场环境中，造成恶性竞争，不利于入驻企业之间的健康、良性发展，从而破坏了基地集群产业融合发展秩序和产业生态优化。

随着大数据、区块链、人工智能等新技术对数字出版的不断融入与迭代，嵌入集群内数字出版业的各相关产业之间分工日益专业化、极致化，导致数字出版产业链的"生产—交易"环节的资本专用化，从而造成各企业、各部门对产业融合路径及方式的锁定，再加上向利性内驱，极易扎堆某一类出版业务，比如一段时间内各个基地扎堆上马一大批与网络游戏相关的出版业务,一些入驻企业重视自身的工作效益而忽略了彼此间的合作与互动,这样不仅会导致企业间的恶性竞争,而且更不利于整个产业集群的健康成长。多方共赢的基地集群产业融合竞争管理机制主要针对数字出版业内各个相关企业主体之间的良性竞争与合作,以期推动形成不断优化的基地集群产业融合综合治理机制。

企业之间的激烈竞争是市场经济环境下的必然产物,但基地集群内数字出版业中的编辑出版产业、网络产业、软件产业等如果只注重个体企业自身单一发展,与其他产业没有互动合作,极容易出现基地集群业务及产品的同质化,进而发展为恶性竞争,大大破坏基地集群数字出版产业融合生态。因此,树立良性竞争与合作的入驻企业经营管理理念,注重多方共赢竞合机制在嵌入集群内数字出版产业融合管理中的运用尤为重要,只有骤步实现基地集群数字出版业内各相关企业之间的竞合生态优化,才能够促使基地集群及其产业融合的良性发展。

8.2.2 多边共治的基地集群产业融合协同管理机制

在市场经济条件下,基地集群内数字出版产业的参与主体并不只有入驻企业自身,还包括地方政府、行业协会等,多方的有效互动协同是基地集群内生秩序、融合发展的关键。其中入驻企业是基地集群运营主体,地方政府是管理主体,行业协会则是市场服务主体,只有这些基地集群主体协同共治、多边互动、注重彼此之间利益的平衡，其中尤其是作为运营主体入驻企业之间的利益平衡，才能够促进基地集群的数字出版产业融合及协同发展。

地方政府、行业协会以及入驻数字出版企业等多元基地集群主体，在数字出版业的发展过程中难免会遇到意见不一致、利益相冲突的情况，如果各方只重视自身发展而不在意其他参与主体的利益，只看到个体自身利益而不见基地集群整体利益，只顾眼前利益而忽略长远利益，在遭遇分歧时就会扩大矛盾，不利于整个数字出版产业集群内的各个相关产业的融合发展。

因此，各个基地集群主体应从宏观出发，把握集群内数字出版产业的整体发展态势，协调各方利益，帮助各个参与主体实现利益最大化；各行业协会和入驻企业在从自身出发、为自身成长壮大制定发展战略的同时，也应该与地方政府的政策相适应，灵活应对市场环境的不确定性，尽可能发展自己；同时，入驻企业自身在面对基地集群内外部市场环境的复杂多变和不确定性时难免会具有盲目性，这就需要地方政府给予政策扶植和引导，帮助入驻企业克服困难，融合共同发展。只有各个基地集群主体多边协同共商，不断推进各方利益平衡，才能够促使嵌入集群内数字出版产业更好融合发展，才能推动基地集群整体实力提升，也才能实现产业融合所带来的基地集群多方互动协同。

8.2.3 多维互信的基地集群产业融合信任管理机制

有学者（曾繁英，伍中信，2008）认为，价格、权威与信任是产业集群运行逻辑的三个核心要素，其中信任是产业集群集体效率的关键来源。[113] 从交易的视角来看，基地集群入驻企业愿意加入或推进产业融合，关键有两个要素，一个是向利驱使，另一个就是信任保障。基地集群作为典型的网络组织，其中企业网络之间的运行机制除了基于科层的权威机制、市场的价格机制，最重要就是企业交互关系的信任机制。这种信任主要分为三个大类：一是基于契约的制度信任，这一种基于合同制的有着法律保障的正式信任；二是基于声誉、名声等沉淀信任，即口碑、传承等的沉淀信任；三是基于集群社会交往、生产与交易互动等形成的关系信任，这是一种非正式信任。

因此，基地集群产业融合推进过程中，必须不断加强嵌入集群内的基于制度、沉淀和关系企业网络信任机制建设，提升产业集群的集体运行效率。

8.3 基地集群数字出版产业融合政策评估

为了掌握基地集群数字出版产业融合政策的情况，课题研究借助学界相对比较成熟或考虑比较周全的政策工具箱，从国家和地方两个维度对数字出版产业政策进行量化评估，从而为科学提出推动基地集群数字出版产业融合政策设计，提供合理建议。

8.3.1 数字出版相关政策类型

我国数字出版产业从一开始出现,就得到了国家的高度重视与大力支持。2005年,在《关于制定国民经济和社会发展第十一个五年规划的建议》中,"数字出版"作为现代出版行业的象征首次出现,此后便频繁地出现在各类产业政策文件中。2008年至今,已陆续建成14家国家数字出版基地。同时,作为建设或管理主体,各地的地方政府也一直在关注和支持本地数字出版基地集群建设与发展。

经过政策资料的整理,研究统计出我国2005—2017年中央和14个建有国家数字出版基地的地方所颁布的部分数字出版相关政策文件,分别为43项和140项,具体情况如表8-1所示。可以看出,无论中央和地方,大多数出台的产业政策都是以指导文件的形式出台的,体现了宏观管理的思维。

表8-1　2005—2017年数字出版国家和地方政策类型情况[①]

类别	中央	地方
法律（含解释）	0	—

---

① 统计类别参考:崔洪铭.我国数字出版产业政策优化发展研究[M].上海:上海世界图书出版公司,2016(10):37.(研究者在崔博士统计框架的基础上,延伸考虑了自2005年数字出版名词出现以来所有部门有关数字出版的中央和地方的政策文件,同时增加考虑了2016年崔博士专著完成后出台的国家和地方《新闻出版广播影视"十三五"发展规划》《数字出版"十三五"时期发展规划》《新闻出版广电科技"十三五"时期发展规划》、"上海文创50条"等政策,从而进行了数据重新统计。)

续表

类别	中央	地方
行政法规	2	-
地方性法规	-	0
规章	9	18
政令	3	6
指导文件	29	116
统计	43	140

8.3.2 政策工具箱的引入与评估

一、政策工具箱的引入与调整

研究参考了学者崔洪铭（2016）的设计思路，用政策工具箱来对数字出版基地集群的政策绩效进行评估。将数字出版政策和政策工具进行分类，并分别从 X、Y、Z 三个维度，即"通过什么样的方式""作用于何种环节""解决何种问题"三个维度来分析数字出版产业政策应用的情况[114]。这里提到的"政策"和"政策工具"是两个相似而有所不同的概念。简单来说"政策"是内容，而"政策工具"是展现这一内容的形式，如法规、政令等。研究通过对政策以及政策工具的分类整理，着重分析 2005 年至 2017 年我国数字出版基地集群相关政策的实践和政策工具的运用情况。

二、政策评估

首先，对政策工具及维度进行分类。崔洪铭（2016）依据迈克尔·豪利特、M.拉米什将政策工具分为自愿性工具、混合性工具和强制性工具。但这种划分是依据政府提供物品和服务的水平来看的，利用这种分法来划分我国数字出版基地集群相关政策工具类型不太好归类，因为有一些政策并不能完全放入自愿性或混合性工具中，即对于一些政策来说，这种三分法的边界还是比较模糊的。

  为了能将我国数字出版基地集群政策工具类型分得更为清晰，本研究将政策工具的类型重新进行了划分。受制度变迁理论中将制度变迁分为"诱致性"和"强制性"的启发，本研究首先将政策工具分为诱致型和强制型。其中，按政策干预的强弱程度将强制型工具分为规制型和规范型。在此基础上，又综合了著名制度经济学家斯科特（Scott）提出的制度要素中的"文化—认知"要素，最终将数字出版政策工具分为四大类型：诱致型、规制型、规范型和"文化—认知"型，以此"四分法"尽力让一些政策工具更好归类。诱致型作为吸引、优惠和招致的工具，主要是一些吸引政策；规制型是政府强制性的政策，如法令法规和重大决定等；规范型政策的干预程度相对较弱，主要是发布的规范性文件；"文化—认知"型的强制性最弱，是通过政策号召让产业对象产生认同感，自主地加入集体行动。

  按照以上分类，研究调整使用了崔洪铭（2016）的政策工具包，并将X、Y、Z轴加入工具包中，对国家颁布的43项、14个国家数字出版基地所在地方颁布的140项数字出版相关政策进行分析。在相应的政策分类栏，如果该类型政策存在，并且符合 X, Y, Z 轴中的指标, 就在相应位置标注 "1", 从而对该政策进行评价; 若不存在, 则不进行标记。如, "十三五" 发展规划属于规制类中发展计划类的政策, 定位为奠定发展大环境, 提供政策依托（资源）, 且作用于产业结构和产业布局发展, 因此在规制类发展计划一栏中 x 轴的 "环境", Y 轴的 "资源" 和 Z 轴的 "产业结构" "产业布局" 处填上 "1"。整理制得表 8-2、表 8-3。

表 8-2　2005—2017 年我国数字出版产业国家相关政策工具指标

政策工具类型	政策工具	具体内容	总数	x轴 供给	x轴 环境	x轴 需求	y轴 资源	y轴 技术	y轴 服务	y轴 运营	z轴 产业结构	z轴 产业组织	z轴 产业布局
诱致型	补贴	贷款贴息，资金补贴，项目补助等	4项	1		1	1						1
诱致型	服务	基础设施建设	6项	1	1	1	1	1					1
诱致型	鼓励、号召	建立示范基地；引导	15项	1	1		1						1
诱致型	扶持支持	专项资金	2项	1			1						1
诱致型	扶持支持	税收政策	8项	1		1	1	1					
诱致型	奖励	绩效、创新奖励	2项	1			1						
诱致型	奖励	行业项目评比	0项										
规制型	法令法规	著作权法、出版管理条例等	2项		1		1				1		
规制型	发展决定	重大问题决定	3项		1								1

第八章 制度安排：基地集群产业融合政策治理评估与发展建议

续表

政策工具类型	政策工具	具体内容	总数	x 轴 供给	x 轴 环境	x 轴 需求	y 轴 资源	y 轴 技术	y 轴 服务	y 轴 运营	z 轴 产业结构	z 轴 产业组织	z 轴 产业布局
规范型	制度标准	行业条例	6项				1		1	1	1	1	1
规范型	改革	体制改革、机构改革、人员编制	20项		1			1					1
规范型	行业调整	产业分类	2项		1						1		1
规范型	监督管理	行业管理办法	4项				1	1	1	1	1	1	
规范型	发展规划	工作计划、指导意见	25项		1		1	1				1	1
文化认知型	模仿	学习效仿示范基地	0项										
文化认知型	共同行动	转发文件、响应号召	0项										

注：经过统计，在2005年至2017年国家颁布的43项数字出版相关政策中，内容包含诱致型政策的共有5项，包含"文化—认知"型政策的是0项，而几乎所有政策文件都包含了规范型政策，可以看出在国家层面更注意的是国家数字出版基地的引导与规范。

续表 表8-3 2005—2017年我国国家数字出版基地方相关政策工具指标

政策工具类型	政策工具	具体内容	总数	x轴 供给	x轴 环境	x轴 需求	y轴 资源	y轴 技术	y轴 服务	y轴 运营	z轴 产业结构	z轴 产业组织	z轴 产业布局
诱致型	补贴	贷款贴息，资金补贴，项目补助等	15项	1		1	1	1					1
	服务	基础设施建设	6项	1	1		1						1
	鼓励、号召	建立示范基地；引导	24项	1	1		1						1
	扶持	专项资金	13项	1			1	1					1
	支持	税收政策	2项	1		1	1						
	奖励	绩效、创新奖励	2项	1		1							
	奖励	行业项目评比	1项	1									
规制型	法令法规	著作权法、出版管理条例等	0项										
	发展决定	重大问题决定	0项										

第八章 制度安排：基地集群产业融合政策治理评估与发展建议 221

续表

政策工具类型	政策工具	具体内容	总数	x轴 供给	x轴 环境	x轴 需求	y轴 资源	y轴 技术	y轴 服务	y轴 运营	z轴 产业结构	z轴 产业组织	z轴 产业布局
规范型	制度标准	行业条例	9项					1	1	1	1	1	1
规范型	体制机制改革	体制改革、机构改革、人员编制	11项		1			1					1
规范型	行业调整	产业分类	7项		1				1		1	1	1
规范型	监督管理	管理办法	6项				1		1		1		1
规范型	发展规划	工作计划、指导意见	89项		1		1	1	1				1
文化认知型	模仿	学习效仿示范基地	2项				1		1			1	
文化认知型	共同行动	转发文件、响应号召	20项		1			1	1		1	1	1

注：经过统计，在2005年至2017年地方颁布的140项数字出版相关政策中，内容包含诱致型政策的共有0项，包含规范型的政策有122项，包含文化认知型的政策有22项，可以看出地方层面诱致型和规范致和规范同样被摆在重要位置，但相比较国家层面来说，其中规制型政策有63项，包含规制型政策的共有63项，包含规制型政策涉及较少。同时，在"文化—认知型"政策中"共同行动"类的政策有20项，可以看出地方也始终追随国家的脚步。

8.3.3 发现与讨论

一是根据以上三个维度的标记评价，可以看出诱致型政策工具多是通过调整供需来提供资源和技术支持，且作用于整个产业发展布局的大方向；规制型政策工具多是用强制性的命令，塑造和形成基地集群数字出版产业发展的大环境与方向；规范型政策工具大多是通过形成一定的产业发展环境来进行产业结构和布局的调整；而"文化—认知"型政策则是一种自觉性的跟随发展，没有固定的方式和针对的环节，自主进行产业结构和产业布局的应对性调整。

二是从表8-2、表8-3可以看出，无论是国家还是各地政府，对数字出版业和数字出版产业基地集群建设都十分重视，且政策分布较广、政策使用的工具类型较多，但其中也存在一些问题。一方面，政策实践的方式大多是供给和作用于外部环境的，较少从数字出版基地集群本身的微观需求入手，一定程度上缺少了集群内问题的针对性，当然这与集群发展的生命周期、不同政策工具使用的策略有关，先期的主要任务是重建设、促发展，是一种市场规制放松策略，而不是进行严格的市场管控；另一方面，政策更多偏向于数字出版资源提供和技术创新，对于产业链中数字出版的服务平台、运营情况没有给予重视。最后，由于基地集群数字出版产业还处于探索和发展的阶段，因而产业政策多倾向于产业结构调整和产业布局发展，对于产业组织建设的针对性也相对较低。

三是,"十三五"期间,数字出版产业在国家的大力扶持和新技术支撑下,要抓住机遇,勇于革新,不断调整发展战略。同时,国家和各地方的相关政策也需进行适当调整,做到系统性和针对性并存,全面关注数字出版基地集群发展。

四是,结合表8-2、表8-3的统计数据可见,2005—2017年,基地集群的产业政策主要还有以下几个治理特征:(1)在政策工具结构上,中央与地方在基地集群前10年的初创与发展期,主要是以规范型与诱致型为主导的政策工具来推动基地快速发展的。(2)政策工具使用思维上,中央与地方均未出台一项针对数字出版及其基地集群的规制性政策,可见中央与地方对基地集群"先发展后治理"与"边发展边治理"的治理思维。(3)在政策工具取向中,中央与地方除了共同重视规范型政策工具之外,中央政策工具侧重的是诱致与规制,而地方则更加重视的是诱致与"文化—认知"政策落实。其中,在规范性政策工具方面,中央多采用发布工作计划、指导意见、体制改革、机构改革等工具,而地方是则聚焦在发布工作计划、指导意见等政策工具的使用。在诱致型政策工具方面,中央多采用建立示范基地与规划、投资、宏观调控等政策引导工具;而地方除了承接中央的这种工具之外,更加重视贷款贴息、资金补贴、项目补助与专项资金等补贴与扶助支持直接政策工具。

8.4 基地集群数字出版产业融合发展政策建议

对于集群内数字出版产业融合发展，本研究提出以下政策建议：

首先，加快基地集群数字出版企业技术创新及其转型速度，推动技术主导和扩散循环融合，降低基地集群数字出版产业间的技术差异和壁垒，促进数字出版企业间技术共享、资源互补和功能融合，推动以技术融合为基础的面向业务融合、市场（资本）融合和组织融合的层递发展，提升入驻数字出版企业产品及服务的技术水平。

其次，推动数字出版的技术开发商、内容集成商、渠道提供商、平台运营商、终端生产商、版权增值服务商等产业链"六商"所构成的基地集群数字出版产业链延伸与融合，强化"六商"的合作共赢动力机制和动力功能建设，促进基地集群数字出版产业融合内生性运行机制优化；注意引入和发挥龙头企业对产业链延伸融合的建设与牵引作用。

第三，优化技术与信息、政治与市场、经济与人文等基地集群外部环境。加强文化立法、知识产权等法制建设与政策协同，加大财税扶持、贸易及知识产权保护、金融支持、体制管理等跨区域、跨行业、跨部门的制度供给，提升集群数字出版企业市场适应力、技术水平和核心竞争力，促进基地集群数字出版企业功能互补和关联融合，推动基地集群的转型与升级。

第四，完善新建国家数字出版基地集群治理，创新政府、行业协会、入驻企业等多主体集群治理形式，明确治理主体责权利关系，推动集群内竞合机制再造，建立多方共赢竞争管理机制、多边共治协同管理机制、多维互信信任管理机制；加强政策在国家数字出版基地集群上的诱致与强制治理功能，加强基地集群的动态评估，构建基地集群的新增与退出机制，推动现有国家数字出版基地集群的差异化、特色化、专业化创新发展。

第五，推动数字出版基地集群管理主体、经营主体和服务主体三者之间的组织协同与产业融合。借助基地集群生产要素的合理流动、知识与信息互动、外部生产与市场交易成本控制等活动优化配置入驻企业物资、技术、信息、资金、知识、人才等基地集群核心资源，推动数字出版基地集群外多元化网络关系融合。

第六，理清和增强国家数字出版基地集群面向"网、端、微"等新媒体矩阵的互联网产业基因，提高其产品创新属性与市场化运作能力，做活基地集群产业融合发展中的投融资行为与方式方法。(1) 发展数字出版基地集群战略投资者。一方面，引入业外战略投资者。大力推进集群新媒体企业的战略关联，如金融、通讯、互联网科技等相关大中型龙头企业进入基地集群，作为战略投资者。另一方面，逐步放宽进入政策通道，形成跨媒体、跨行业、跨区域的数字出版基地集群。以资本为纽带，重点培育和发展一批市场预期成长性好、具备自主创新实力的基地集群入驻企业，使之成为互联网经济新兴市场的战略投资者。(2) 引进信托机制，由国家新闻出版署主导建立全国性的数字出版产业融合投资基金,搭建基地集群出版传媒产业投融资平台。(3)促进基地集群的数字出版投资主体的多元化,有序吸纳社会资本和境外资本。[40][153-155]

最后,优化监管模式,提升和加强国家数字出版基地集群产业融合发展过程中政府、行业协会、入驻企业等多主体、多渠道与多平台同步发展,不断提升基地集群的传播实力、影响实力与经济实力,兼顾经济与社会两个效益,兼顾国际、国内两个市场,兼顾效率和公平,兼顾技术与人才。

既要整体推进,又要注意有效调控不同区域、不同基地集群融合工程的规模与进度,要做到政府规制与市场导向的相结合;要引导融合过程中的创新技术介入,不断激活新业态,造就新产品的不断推陈出新;大力扶持、培育和引进国家数字出版基地集群面向产业融合发展的懂技术、懂产品、懂市场和懂管理的全媒体、复合性、专家型人才。

8.5　本章小结

正如本章开始所述,完善的制度安排是数字出版基地集群产业融合的主要调节器与激活器,借助不同产业政策的制度功能,可以有效地激励、规范、规制与资源调配基地集群产业融合。基于这种认识,我国国家数字出版基地集群及其产业融合从一开始就不仅是经济发展的产物,更是一种制度变迁的产物。因此,这一章的安排实现从基地集群操作层面上的研究,上升到制度安排层面的研究,并以期借助政策创新再次反导和驱动基地集群及产业融合创新发展。项目此种制度安排设计,主要从嵌入集群内数字出版产业融合一体化组织架构、管理机制、政策评估和政策建议四个方面进行分析。

第一,研究分析嵌入集群内数字出版产业融合一体化组织架构。嵌入集群内数字出版产业融合要想得到长效、良性发展,就必须在产业跨界过程中,借助基地集群这一中间性组织实现跨组织、自组织两大系统的一体化,才能进而提高基地集群入驻企业的整体竞争能力和发展潜力。

一方面是跨组织一体化。(1)基地集群数字出版业跨地区组织一体化。"一园(集群)多区""一园(集群)多地"已成为很多国家数字出版基地集群发展的普遍模式,尤其是随着互联网经济的兴起,数字出版产业集群越来越突破传统的物理限制,甚至出现了大批的虚拟集群与企业。因此,跨地区组织一体化已经成为基地集群发展的一种新常态,而这种组织扩张或拓展一体化,实际上是对劳动费用、生产成本、市场需求、区域资源等多种市场与制度因素综合考虑的一种组织策略或战略选择。(2)集群数字出版业跨行业组织一体化。随着技术的不断创新、知识的不断丰富,基地集群数字出版产业融合只有不断增强其跨行业的互动协同,形成跨系统与类部门(内部化)化的组织一体化思维,才能促进基地集群入驻企业健康可持续发展。这种跨行业组织一体化运行主要包括企业间核心业务一体化和类部门组织一体化两大部分。

另一方面是自组织一体化。基地集群正在步入成熟期的高度自治阶段，必须重视集群自组织在数字出版产业融合中的作用发挥。基地集群数字出版业的自组织创新模式大致可以分为网络型自组织模式和集聚型自组织模式两大类。

第二，分析嵌入集群内数字出版产业融合管理机制。由于处于成长期的基地集群技术创新滞后、关键性产业法治环境有待提升、产业竞争力不强以及高端专门人才缺少等共性问题。基地集群只有加强多方共赢的基地集群产业融合竞争管理机制、多边共治的基地集群产业融合协同管理机制、多维互信的基地集群产业融合信任管理机制三大综合管理机制建设，才能促使嵌入集群数字出版产业融合快速发展。

第三，基地集群数字出版产业融合政策评估。研究借鉴了相对比较成熟的政策工具箱，从 X 轴（供给→环境→需求）、Y 轴（资源→技术→服务→运营）、Z 轴（产业结构→产业组织→产业布局）三个维度，从国家和地方两个维度对 2005—2017 年我国数字出版产业政策进行量化评估，从而找寻和发现基地集群数字出版产业融合政策情况、规律，并为科学提出推动基地集群数字出版产业融合政策奠定基础。

第四，基地集群数字出版产业融合发展政策建议。主要从技术创新、产业链完善、外部市场环境优化、基地集群竞合机制再造、多主体组织协同、投融资方式激活、监管模式优化提升 7 个方面进行了政策设计，为相关研究者或决策部门提供了政策建设思路上的启发与借鉴。

第九章 研究总结及展望

课题以国家数字出版基地集群为研究对象，探索了技术创新对基地集群数字出版产业融合的驱动作用，深入剖析了嵌入集群内数字出版产业融合形成机理，总结相关产业融合主导模式，并在量化研究的基础上揭示了数字出版产业融合实效，借助国内外同行业融合比较研究，形成经验启发和借鉴，进而提出基地集群数字出版产业融合发展战略设计与政策建议，以此推动国家数字出版基地集群及其产业融合快速发展，并实现了研究上的闭合循环。

在研究过程中，课题比较重视在学术与实践应用两个维度上的价值深挖：一是在学术价值方面，课题研究过程中实现了产业集群理论、产业融合理论、产业组织理论（SCP）、产业链理论、制度经济学理论等与基地集群数字出版产业发展实情的理论融合和现实结合，丰富了目前还相对薄弱的数字出版产业集群、产业融合及其关联性研究，一定程度上推动了数字出版产业集群研究的理论发展。

二是在应用价值方面，课题紧贴国家数字出版基地布局规划发展，紧随基地的发展态势及其入驻企业的运营状况，比较详细地分析了空间布局完毕后的基地产业集群差异化建设、入驻企业的竞争与合作，客观理性地阐述了基地集群和入驻企业发展中存在的一些问题，为国家数字出版产业基地集群转型升级及其技术、产品、市场和组织创新、入驻企业的竞合与利益平衡、政府的制度供给与管理创新等，提供可行的、有价值的决策依据、路径借鉴和经验参照。

9.1 研究总结

集群组织建设与集群化发展是我国进行文化体制改革、发展文化产业的重要核心战略之一，也是新闻出版业实现规模化、集约化、专业化发展的关键途径，是新时期、新形势、新技术和新思维下调整新闻出版产业布局与结构、转变发展方式、提高产业集中度和发展数字出版新业态战略的重要手段，是快速提升产业活力、实力、竞争力和影响力的重要战略选择。

2005年"数字出版"作为现代出版行业代名词首次出现之后，在新闻出版行业中就一路"高歌猛进"：2012年年度营收在全国新闻出版产业营收的占比首次突破10%，短短三年之后的2015年，占比就已突破20%，2016年数字出版产业营收达到5720.9亿元，占全行业营业收入的24.25%，对全行业营业收入增长的贡献率达到了67.9%，增长速度与增长贡献在新闻出版各产业类别中持续稳居第一位。

同时，根据2011—2016年相关数据统计，国家数字出版基地营业收入已经连续6年占到数字出版总营收的30%；其中，2016年14家国家数字出版基地营收超过100亿的共有6家，占比为42.9%，张江国家数字出版基地则达到了408亿元。

因此，借助上述两个维度的数据，研究可以得出这样一个结论：数字出版成了新闻出版产业发展的关键，而数字出版基地集群的发展又成了数字出版产业发展的关键。

2005年中共中央、国务院下发《关于深化文化体制改革的若干意见》首次提到提高文化产业规模化、集约化、专业化发展问题，党的十八大、十九大报告等多部文件又多次强化这一产业发展政策取向，促进文化和科技融合，发展数字出版在内的新型文化业态。2006年12月20日，新闻出版总署发布《新闻出版业"十一五"发展规划》首次提出了"数字出版"基地集群发展战略。在历经10多年的发展之后，我国数字出版产业已完成从早期单个数字出版企业发展，到数字出版产业链形成，再到集群化的数字出版产业基地建设，实现了从点到线到面的三级跨越[1]。

从技术视阈与媒介属性来看，数字出版本身一方面是源自20世纪80年代的数字技术和后来的网络技术、移动宽带技术，以及新近的大数据技术、区块链等技术融合的产品、产业；另一方面它也是"文本、图片、声音、影像"等介质或媒介融合的产品、产业。因此，数字出版基地集群发展的关键在于（产业）融合。产业融合与产业集群存在着一种互生关系，这种互

---

[1] 论断援引自原国家新闻出版总署副署长孙寿山在2012中国数字出版年会上的主旨演讲。

生关系建基于入驻企业产业链上的技术创新、利益共享、极致化分工和交织叠加的网络协同关系形成，也依赖于政府的政策牵引与金融机构、行业协会、科研院校等中间性组织的服务提供。

项目研究以国家数字出版基地为对象，从产业集群理论、产业融合理论、产业组织理论（SCP）、区域创新理论等多学科视角研究数字出版基地集群发展现状、成绩、问题及发展趋势，解析技术驱动下嵌入集群内数字出版产业多主体融合机理，探索其产业融合模式，借助实证研究，揭示数字出版产业集群融合发展的产业集中效益、区域拉动效应等，以此推动国家数字出版基地产业集群转型升级，并通过国外数字出版集群产业融合以及国内行业比较分析，形成经验借鉴，从而提出集群内数字出版产业融合发展战略设计与政策建议。

本研究报告总共分为以下八个部分：

第一部分：绪论。绪论部分主要介绍了课题的研究背景与研究框架设计等。

第二部分：理论基础。该部分主要是进行国内外研究路径梳理与文献综述，相对比较详细地介绍了课题的研究基础，梳理研究的逻辑起点，进行了"产业融合与产业集群"核心理论的关联剖析，并分析了课题的研究现状，以及我国数字出版基地集群建设的实践特征。

第三部分：现状分析。该部分以我国 14 家数字出版基地集群产业融合发展演进为切入点，分析了其国家政策演化、布局结构与规模效益现状。

第四部分：机理分析。该部分主要分析技术驱动与嵌入集群内数字出版产业融合的形成机理，深入分析了技术驱动与嵌入集群内数字出版产业融合机理。首先，课题分析了集群内数字出版产业融合动力结构，即高新技术驱动力、企业拓展力、市场拉动力及政府政策牵引力；其次，课题分析了集群内数字出版产业融合路径框架，即分析产业融合的技术融合、业务融合和市场（包含资本）融合、组织融合四个层次的结构演进；最后，课题分析了技术创新扩散循环与嵌入集群内数字出版产业融合运行机制，即：高新技术驱动机制、内生性延伸机制、外生性组合机制、空间网络协同机制、一体化集群组织治理机制。

第五部分：模式分析。该部分主要进行了技术驱动与嵌入集群内数字出版产业融合模式归结。在前述剖析基础之上，这部分以"技术驱动→内部融合→外部融合→空间网络融合"为技术路线立体化解析了技术驱动与嵌入集群内数字出版产业融合的6大模式：（1）技术主导融合：迭代与思维；（2）产品嫁接融合：垂直与极致；（3）产业交互融合：合作与合并；（4）组织协同融合：柔性与混合；（5）外部环境牵引融合：诱致与强制；（6）"走出去"跨域产业融合：战略与渠道。研究从基地集群入驻企业引导、竞争秩序建立、产业融合壁垒突破、产业链延伸与关联、自组织建设等方面提出了政策建议，以提供决策参考。

第六部分：绩效测度。该部分主要借助实证研究，分析了嵌入集群内数字出版产业融合绩效。这部分基于 SCP 理论框架，以 14 家国家数字出版基地为对象分析了基地集群集中度、产品差异和进入壁垒的市场融合结构，探讨了以技术开发商、内容集成商、渠道提供商、平台运营商以及终端生产商所形成的技术、业务、市场等产业链关联延伸融合的集群市场融合行为，并以张江基地等为案例实证分析了基地集群区域产业经济拉动效应，以此印证高新技术驱动下产业融合是数字出版基地集群发展的必由路径。

第七部分：比较研究与经验借鉴。该部分主要是进行国外集群内数字出版产业融合以及国内同行业比较研究。这部分主要针对美国文化传媒产业集群中的产业融合发展进行经验分析，并对国内基地集群的代表上海张江国家数字出版基地集群进行焦点案例分析，从中获得可供吸纳的经验启示。

第八部分：制度设计研究。该部分主要研究集群内数字出版产业融合发展战略设计与政策建议。在制度经济学研究领域，制度与组织两个命题是紧密相依的。因此，这部分首先重点分析了基地集群一体化组织运行架构，并引入学界比较成熟的或考虑比较全面的政策工具箱，从国家和地市两个维度进行数字出版产业政策评估，进而从主要技术创新、产业链完善、外部市场环境优化、基地集群竞合机制再造、多主体组织协同、投融资方式激活、监管模式优化提升 7 个方面，提出了数字出版基地集群产业融合发展的政策建议。

9.2 研究不足及展望

课题研究比较全面地掌握了国家数字出版基地集群产业融合的技术驱动与媒介融合驱动作用,厘清了产业融合与基地集群发展的互生关系,解构了嵌入集群内数字出版产业多主体融合机理、融合模式,从而提出基地集群数字出版产业融合发展战略设计与政策建议,为后续研究奠定了一些值得参考的框架、范式和逻辑路线。但是由于一些研究条件限制,本成果还存在有部分不足和瑕疵。

9.2.1 研究不足

受制于研究数据、范围、成本及一些国家数字出版基地集群信息公开程度等因素的影响,课题成果主要研究不足体现在以下三个方面:

首先,国家新闻出版署在年度"新闻出版产业分析报告"中有关国家数字出版基地营收等数据只公布到2016年,再加上部分省市相关数字出版数据公布也不是很及时。因此,本研究在"实证验证"与"制度安排(政策评估)"两个板块中的时间选取大多只到2017年前后,这使得部分板块的研究时效性有所缺憾。

其次,研究中所进行的基地集群产业融合机理分析及其融合主导模式归结,更多的是一种理念总结,具有较强的理论色彩，未必十分匹配现实实践，或者说现实基地集群操作没有那么复杂和多样。

最后，研究所提的基地集群及其产业融合发展战略及政策建议，只是在本研究的框架下进行的，其可行性、可操作性等还有待产业实践进行进一步检验和论证。

9.2.2 研究展望

研究在实证量化研究、案例研究以及制度研究等方面仍有可深入的空间；和地方政府以及部分国家数字出版基地的联系也需进一步提升，以获得更加翔实的多方面、多层次的第一手材料，从而提高课题研究的应用价值。研究者非常期待后续行业专家或相关学者进一步开展相关研究，以弥补本研究上述不足和缺憾，建议可以从以下几个方面提高研究价值：

首先，加强行业联系，增强课题研究的现实应用性。后续研究可与尽可能多的国家数字出版基地进行联系，"春江水暖鸭先知"，行业的事情一定得问道于行业，只有与基地集群深入联系与交流，才能得到研究的第一手数据，也才能精准掌握基地集群数字出版产业融合的成绩、不足和未来发展方向，并最终增加研究成果的行业应用价值。

其次，加强实证研究与比较研究。后续研究可以借助广泛的国家数字出版基地的集群产业融合多案例研究，加强基地集群数字出版产业融合的实证研究；可以进一步扩大跨国（比如增加英国、日、韩等国相关集群）、相近行业产业集群跨界比较研究，在更大范围内进行比较分析，进而得到更多的经验和启示。

第三，持续关注新技术、新产业等给课题带来的新变化。相关研究仍需要继续关注技术创新、思维变革、行业转场等给国家数字出版基地集群数字出版产业融合带来的挑战与机会。比如大数据、人工智能、区块链、AR/VR、5G等新技术会给基地集群数字出版产业融合带来哪些挑战与机遇；再如，消费互联网转场至产业互联网会给基地集群数字出版产业融合带来哪些挑战与机遇。

最后，仍要重视产业政策供给对基地集群融合发展的巨大推动作用。相关研究仍需加大对国家数字出版基地集群的政策供给研究。实践表明，没有好的产业政策就不会有好的产业，也不会有好的产业集群。产业政策的牵引、规范、规制等功能，可以最大限度提升国家数字出版基地集群产业融合的速度和效度。如有可能，相关研究可以通过长期追踪和实地调查，测度一下不同产业政策对产业发展的具体作用大小，进而提出具体政策发展建议。

参考文献

［1］ 方卿，曾元祥．产业融合：数字出版产业发展的惟一选择[J]．出版发行研究，2011（9）：5-8．

［2］ 范卫平．新闻出版业转型发展的三个问题[J]．中国出版，2013（1）：16-18．

［3］ 李刚．试论产业集群的形成和演化：基于自组织理论的观点[J]．学术交流，2005（2）：78-82．

［4］ 国家新闻出版广电总局．2016年新闻出版产业分析报告[R].2017（7）．

［5］ Bum Soo Chon, hoi Junho H.,Barnett George A., Danowski James A., Sung-Hee Joo. A Structural Analysis of Media Convergence: Cross-Industry Mergers and Acquisitions in the Information Industries [J]. Journal of Media Economics. 2003,16（3）:141-157.

［6］ European Commission. Green Paper on the Convergence of the Telecommunications, Media and Information Technology Sectors, and the Implications for Regulation towards an Information Society Approach[M]. Brussels: European Commission,1997（12）．

［7］ Lei, D.. Industry Evolution and Competence Development: the Imperatives of Technological Convergence [J]. International Journal of Technology Management, 2000,19（7-8）：699-738，726．

［8］ 植草益．信息通讯业的产业融合[J]．中国工业经济，2001（2）：24-27．

［9］ 厉无畏．产业融合与产业创新[J]．上海管理科学，2002（4）：4-6．

［10］ 周振华．信息化过程中的产业融合研究[J]．经济学动态，2002（6）：58-62．

[11] 陈柳钦.产业融合效应与促进我国产业融合的措施[J].经济管理研究,2007(2):13-19.

[12] Greenstein S, Khanna T. What does Industry Convergence Mean? [A]. Yoffie D(ed.). Competing in the age of digital convergence. Boston, 1997: 201–226.

[13] Yoffie D B. Introduction: chess and competing in the age of digit al convergence [C]. Yoffie D B(ed.). Competing in the Age of Digital Convergence. Boston, 1997.

[14] 厉无畏,王慧敏.产业发展的趋势研判与理性思考[J].中国工业经济,2002(4):5-11.

[15] 李美云.国外产业融合研究新进展[J].外国经济与管理,2006(12):12-20.

[16] 植草益.信息通讯业的产业融合[J].中国工业经济,2001(2):24-27.

[17] 蒋雪湘.产业融合环境下中国图书出版产业组织研究[D].中南大学博士学位论文,2009(12):2-4.

[18] Gereffi, G.International Trade and Industrial Upgrading in the Apparel Commodity Chains [J]. Journal of International Economics,2000,48(1):37-70.

[19] 蔡雯,王学文.角度·视野·轨迹:试析有"媒介融合"的研究[J].国际新闻界,2009(11):87-91.

[20] 周鸿铎.传媒融合时代的"模式集聚"发展战略选择[J].新闻前哨,2011(1):56-57.

[21] 吴福象,朱蕾.技术嵌入、产业融合与产业结构转换效应:基于北京与上海六大支柱产业数据的实证分析[J].上海经济研究,2011(2):38-44.

[22] 肖叶飞.传媒产业融合与政府规制改革[J].国际新闻界,2011(12):25-29.

[23] 金永成,曹航.产业组织理论视角中的媒介产业融合[J].西南民族大学学报(人文社科版),2009(2):176-179.

[24] 尹莉,减旭恒.IC产业融合中的集群变迁分析[J].产业经济评论,2005(12):102-115.

[25] 周振华.产业融合中的空间结构:产业集群扩展[J].改革,2004(3):30-35.

[26] 苏晓亮.产业融合环境下的移动信息产业集群发展研究[D].中山大学硕士学位论文,2010(6):8-9.

[27] 徐胜.产业集群与区域创新体系的融合研究[J].当代财经,2007(1):77-81,124.

[28] 秦嗣毅.产业集群、产业融合与国家竞争力[J].求是学刊,2008(9):59-63.

[29] 刘珂.产业融合推动产业集群升级的路径探析[J].郑州轻工业学院学报(社会科学版),2009(2):82-85.

[30] 罗文,马如飞.产业融合的经济分析及其启示[J].科技与产业,2005(6):59-61.

[31] 陈柳钦.未来产业发展的新趋势:集群化、融合化和生态化[J].商业经济与管理,2006(1):30-34.

[32] 谌飞龙.产业集群"大共生"治理的形成逻辑及运用框架[J].吉首大学学报(社会科学版),2012(1):119-123.

[33] 柳斌杰.加快传统出版与数字出版的融合发展[J].现代出版,2011(4):5-8.

[34] 柳斌杰.以改革为动力兴起社会主义文化建设新高潮:学习党的十七届六中全会《决定》的体会[J].中国出版,2011(21):6-10.

[35] 孙寿山.以转型升级促进传统媒体与新兴媒体融合发展[J].出版与发行研究,2014(6):5-8.

[36] 李雪昆,赵新乐.《关于推动传统媒体和新兴媒体融合发展的指导意见》审议通过引业界关注:媒体深度融合热潮将至[EB/OL]. http://gb.cri.cn/42071/2017/07/14/7371s5244971.htm,2017-07-14.

［37］张攀.数字出版进入产业融合阶段[N].中国出版传媒商报，2014-05-20（03）.

［38］邓晨曦.聚科技势能，驱动数字出版产业融合发展：2017数字出版前沿技术应用与展望论坛在京举行[EB/OL].http://jingji.cyol.com/content/2017-07/14/content_16301379.htm,2017-04-14.

［39］邬书林，郑伟等.聚科技势能，驱动数字出版产业融合发展：2017数字出版前沿技术应用与展望论坛在京举行[EB/OL].http://www.founder.com.cn/news/index/show/1259.html.

［40］杨庆国.出版传媒投融资效率研究：基于体制变迁的评价与验证[M].北京：中国传媒大学出版社，2017（11）.

［41］于友先.新中国出版五十年[EB/OL].http://www.pubhistory.com/img/text/4/2134.htm，2006-12-08.

［42］曹光章.科学发展 辉煌十年：十六大以来文化产业的发展与繁荣[EB/OL].http://news.hexun.com/2012-09-12/145753309.html，2012-09-12.

［43］柳斌杰.坚持深化改革 力促融合发展：如何扎实推进文化强国建设[N].人民日报，2013-03-08：015.

［44］熊澄宇.中国文化产业政策研究[M].清华大学出版社，2017（1）：75-77.

［45］周泯非，魏江.产业集群治理模式及其演化过程研究[J].科学学研究，2010（1）：95-103.

［46］杨庆国.出版传媒集团投融资效率研究：基于体制变迁的评价与验证[M].北京：中国传媒大学出版社，2017（11）：72-73.

［47］范周.深度解读《文化部"十三五"时期文化产业发展规划》[EB/OL].https://www.sohu.com/a/135223309_182272，2017-04-20.

［48］韩声江，王盈颖.国家发改委官员再谈产业政策之争：关键是让企业家办事更容易[EB/OL].https://www.thepaper.cn/newsDetail_forward_1563355_1，2016-11-17.

[49] 伍隅.解读"十九大"文化发展新思想[EB/OL]. http://sike.news.cn/statics/sike/posts/2017/11/219526193.html, 2017-11-04.

[50] 王坤宁,李婧璇.开放+融合+差异化基地将形成完整产业链[EB/OL]. http://www.chinairn.com/news/20160519/113359536.shtml, 2016-05-19.

[51] 杨珍莹.张江国家数字出版基地新增企业70家[N].浦东时报,2016-05-12（03）.

[52] 国家新闻出版广电总局.2016年新闻出版产业分析报告（摘要版·上）[EB/OL]. https://www.chinaxwcb.com/info/20958, 2017-07-25.

[53] 陈柳钦,叶民英.技术创新和技术融合是产业融合的催化剂[J].湖湘论坛,2007（6）：40-42.

[54] 李刚.试论产业集群形成和演化：基于自组织理论的观点[J].学术交流,2005（2）：78-82.

[55] 马莹.六问数字出版基地建"要害"[EB/OL].

[56] 郑小碧.基于自组织理论的产业集群共性技术创新研究[J].科技进步与对策,2012（8）：46-51.

[57] 孙寿山.数字出版产业的新业绩、新挑战、新举措[J].现代出版,2012（9）：5-12.

[58] 袁平.互动导向、市场环境、战略类型与企业绩效关系之研究[D].吉林大学博士学位论文,2010（6）：51-53.

[59] Hakansson H. Industrial Technological Development: A Network Approach[M].London：Croom Helm, 1987.

[60] 张宇,蔡秀玲.产业集群的网络特性与地方产业网络升级[J].科技与经济,2006（4）：33-37.

[61] 霍苗,李凯,李世杰.根植性、路径依赖性与产业集群发展[J].科学学与科学技术管理,2011（11）：105-110.

[62] 蔡彬清,陈国宏.链式产业集群网络关系、组织学习与创新绩效研究[J].研究与发展管理,2013（8）：126-133.

[63] 周发明.企业集群的成长机理及政府的功能定位[J].湖南社会科学，2008（3）：97–101.

[64] 闫彦明.分工、专业化与模块化：产业集群演化的一个视角[J].学术月刊，2011（11）：86–92.

[65] 朱瑞博.模块化产业集群内生性风险的机理分析[J].中国工业经济，2004（5）：54–60.

[66] 朱瑞博.价值模块整合与产业融合[J].中国工业经济，2003（8）：24–31.

[67] 李海舰，田跃新，李文杰.互联网思维与传统企业改造[J].中国工业经济，2014（10）：135–146.

[68] 黄喜忠，杨建梅.集群治理的一般性研究[J].科技管理研究，2006（10）：51–54.

[69] 易明，杨树旺.基于治理导向的产业集群发展：问题与对策[J].管理世界，2010（8）：175–176.

[70] 谌飞龙.产业集群治理模式的发展演变分析[J].改革与战略，2012（1）：141–143.

[71] 易明，杨树旺.产业集群的治理及其绩效评价[J].统计与决策，2009（23）：50–52.

[72] 胡汉辉，邢华.产业融合理论以及对我国发展信息产业的启示[J].中国工业经济，2003（2）：23–29.

[73] 周文彰.简论互联网思维[J].北京联合大学学报（人文社会科学版），2016（4）：1–7.

[74] 曾祥效.广东专业镇产业族群的形成与产业链发展[J].科技进步与对策，2003（10）：146–147.

[75] 金永成，任健.B-B-C：数字出版商业模式的创新与启示[J].出版发行研究，2011（3）：46–49.

[76] Gary Hamel.Leading the Revolution[M].Boston：Harvard Business School Press，2000：5–45.

[77] Osterwalder A, Pigneur Y., Tucci, Christopher L.. Clarifying Business Models: Origins, Present and Future of the Concept[J]. Communications of the Association for Information Systems, 2005, 16 (7): 1-25.

[78] Scott M.Shafer, H. Jeff Smith, Jane C.Linder . The power of business models[J]. Business Horizons, 2005, 48 (3): 199-207.

[79] B Demil, X Lecocq.Business Model Evolution: In Search of Dynamic Consistency[J]. Long Range Planning, 2010, 43 (2/3): 227-246.

[80] Mark W.Johnson, Clayton M.Christensen, Henning Kagermann. Reinventing Your Business Model[J]. Harvard Business Review,2008,86 (12): 50-59.

[81] 魏讳, 朱武祥. 发现商业模式 [M]. 北京: 机械工业出版社, 2009 (1): 12-18.

[82] 王雪东, 董大海. 国外商业模式表达模型评价与整合表达模型构建 [J]. 外国经济与管理, 2013 (4): 49-60.

[83] 陈净卉, 肖叶飞. 美国数字出版的产业形态与商业模式 [J]. 编辑之友, 2012 (11): 126-128.

[84] 毛蕴诗, 蓝定. 技术进步与行业边界模糊: 企业战略反应与政府相关政策 [J]. 中山大学学报（社会科学版）, 2006 (4): 109-113.

[85] 李自豪. 基于自组织理论的产业集群演化机理研究 [D]. 西安电子科技大学, 2010 (1): 46.

[86] 冯海红, 王胜光. 基于联盟网络的产业集群组织系统创新机理研究 [J]. 科学学研究, 2008 (10): 218-223.

[87] 腾讯网. 全文公布! 上海市"十四五"规划和二〇三五年远景目标的建议正式发布 [EB/OL]. https://new.qq.com/rain/a/20201210A01E2O00, 2020-12-10.

[88] 石宗源. 五大战略和六大任务: 在全国新闻出版局长会议上的讲话（摘要）[J]. 传媒, 2003 (4): 4-5.

[89] 鞠大伟. 凤凰出版传媒集团转变方式再创"走出去" [EB/OL]. http://book.ifeng.com/gundong/detail_2010_08/30/2357911_0.shtml?_from_ralated, 2010-08-30.

[90] 国家新闻出版总署.关于加快我国新闻出版业走出去的若干意见（摘登）[N].中国新闻出版报,2012-01-10（3）.

[91] 苏贵友.在华境外专业版权代理机构对国内版权代理业的启示[J].科技与出版,2012（2）:4-5.

[92] 杨庆国,孙梦雨.我国出版产业国际市场进入模式选择研究[J].中国出版,2012（22）:12-17.

[93] 刘红敏,石斌.我国网上书店的现状与发展对策[J].图书情报知识,2009（9）:51-62.

[94] 裴永刚.中国出版业国际营销渠道拓展的思考[J].出版发行研究,2014（2）:77-80.

[95] 苏东水.产业经济学[M].北京：高等教育出版社,2000（2）：124.

[96] 杨庆国,陈敬良,程海燕.地市都市报省城扩张模式SCP分析及行为选择研究[J].出版科学,2012（3）：76-80.

[97] Eduardo González-Fidalgo & Juan Ventura-Victoria. How Much Do Strategic Groups Matter? [J].Review of Industrial Organization, Springer, 2002, 21（1）:55-71.

[98] 郭朝阳.流动壁垒与企业的策略行为[D].中国社会科学院研究生院博士论文,2002（5）：4-8.

[99] 杨庆国,陈敬良,程海燕.地市都市报省城扩张模式SCP分析及行为选择研究[J].出版科学,2012（3）：76-80.

[100] 张伟,刘苏,张文新.安徽省旅游业对经济增长拉动效应的实证研究：基于二维度与三指标的探讨[J].旅游科学,2011（12）：25-33.

[101] 百度文库.文化产业发展对人才的要求[EB/OL]. https://wenku.baidu.com/view/3ed5017202768e9951e738dc.html,2010-12-30.

[102] 孟东方.美国文化产业的发展经验及启示[J].企业文明,2012（3）：95-97.

[103] 张毅.美国文化产业发展的经验及启示[J].商业经济研究,2011（24）：121-122.

[104] 张艳.中国文化产业集群机制治理：基于典型案例的实证研究 [M].北京：经济管理出版社，2017（6）：138-143.

[105] 袁学伦.迪士尼财富生产链：循环的轮次收入模式 [J].经济导刊，2012（9）：58-59.

[106] 向勇.美国文化产业靠啥生存？[N].人民日报海外版，2011-11-18（07）.

[107] 杨庆国，晏婷婷.广播影视版权相关产业发展模式研究 [J].青年记者，2014（6）：52-53.

[108] 李治国.上海："张江模式"开拓新一轮创新之路 [EB/OL].http://district.ce.cn/zg/201207/13/t20120713_23488048.shtml，2012-07-13.

[109] 杨珍萱.张江国家数字出版基地新增企业 70 家 [N].浦东时报，2016-05-12（03）.

[110] 司春杰.张江高科技园区板块：创新的"张江模式" [J].浦东开发，2010（6）：18-19.

[111] 百度百科.诱致性制度变迁 [EB/OL].[2015-01-30]. http://baike.baidu.com/link?url=JX266_LJOWrUJBuZcTXZovldX0AyWGEg_7aXSax4D76JHoRRDU_PiWkpwCwIK5q1K06-sXcb3IXARx7UCNBqra.

[112] 李浩然.高新产业产业集群的组织本质 [J].硅谷，2012（6）:38-39.

[113] 曾繁英，伍中信.产业集群的运行逻辑及制度性信任建设研究 [J].生产力研究，2008（11）:114-116.

[114] 崔洪铭.我国数字出版产业政策优化发展研究 [M].上海：上海世界图书出版公司，2016（10）:161-163.

与本课题（专著）相关的前期学术论文发表

[1] 杨庆国，张颖.基地集群数字出版产业融合再造研究[J].科技与出版，2016（3）：41-44.（CSSCI，中文核心期刊）

[2] 杨庆国，王娟.集群内数字出版产业融合机理研究[J].中国出版，2015（4）：36-39.（CSSCI，中文核心期刊）

[3] 杨庆国，吴渝.我国新闻出版产业国际营销渠道拓展及其制度安排研究[J].科技与出版，2015，（2）：67-70.（CSSCI，中文核心期刊）

[4] 杨庆国，陈敬良，吴惠慧.技术驱动与嵌入集群内数字出版产业融合模式研究[J].编辑之友，2015（2）：75-78.（CSSCI，中文核心期刊）

[5] 杨庆国，陈敬良.数字出版产业融合绩效研究[J].出版科学，2015（3）：81-85.（CSSCI，中文核心期刊）

后 记

感恩我的几位授业恩师对本课题研究的指导与帮助，尤其是柳老师百忙之中亲自为本书作序，字斟句酌令我非常感动。

感谢上海张江国家数字出版基地、北京国家数字出版基地等几位行业领导与朋友对课题研究的支持与帮助，尤其对部分前期研究成果的肯定令课题组备受鼓舞。

我的几位学生对本专著做出了很大贡献。张颖、王娟、吴惠慧、吴渝、王新月、李琪鑫、卞晓雅等几位合肥学院优秀毕业生，在课题研究过程中的深度参并合作撰写了部分章节，特别是张颖、王娟、吴惠慧、吴渝、王新月等几位同学在该著作相关前期成果共同研究、发表过程中做出了很大贡献。几位同学现在学业、事业都已初见成效，我非常欣慰，你们在课题研究中得到了很大的科研锻炼和学术提升。

还需感谢的是"2013年度教育部人文社会科学研究青年基金项目（13YJC860037）"课题组成员对本研究的长期支持与倾力相助，希望该成果不辜负大家的友好合作、集体智慧和共同期待。

最后，课题的研究拓展与成果出版得益于"2018年度安徽省高校优秀拔尖人才培育资助项目：学科（专业）拔尖人才学术资助（gxbjZD38）"的经费支持，特此注明。

杨庆国
2021年8月于合肥学院